CONHECENDO A DEFICIÊNCIA

Blucher

CONHECENDO A DEFICIÊNCIA

Em companhia de Hércules

Lígia Assumpção Amaral

Conhecendo a deficiência: em companhia de Hércules

Editora Edgard Blücher Ltda.

Publisher Edgard Blücher
Editor Eduardo Blücher
Coordenação editorial Jonatas Eliakim
Produção editorial Thais Costa
Preparação de texto Ana Maria Fiorini
Diagramação Felipe Gigek
Revisão de texto MPMB
Capa Leandro Cunha

Blucher

Rua Pedroso Alvarenga, 1245, 4º andar
04531-934 – São Paulo – SP – Brasil
Tel.: 55 11 3078-5366
contato@blucher.com.br
www.blucher.com.br

Segundo Novo Acordo Ortográfico, conforme 5. ed. do *Vocabulário Ortográfico da Língua Portuguesa*, Academia Brasileira de Letras, março de 2009.

Dados Internacionais de Catalogação na Publicação (CIP)
Angélica Ilacqua CRB-8/7057

Amaral, Lígia Assumpção
Conhecendo a deficiência: em companhia de Hércules / Lígia Assumpção Amaral. – 2 ed. - São Paulo: Blucher, 2022
160 p.

Bibliografia
ISBN 978-65-5506-466-7 (impresso)
ISBN 978-65-5506-467-4 (digital)

1. Pessoas com deficiência 2. Psicologia I. Título

22-3189 CDD 362.40981

Índice para catálogo sistemático:
1. Psicologia

Conteúdo

"Graças ao mito, a poesia pôde tornar-se sabedoria. O mito é uma forma de expressão, uma forma de revelação, que ajuda a conceber o mistério do mundo."

Pierre Grimal

"Ciência é abrir caminho, agora, na direção da dimensão do mistério."

Joseph Campbell

"A função essencial do mito do herói é desenvolver a consciência do eu individual... a penosa e longa tarefa de autoeducação, tarefa que é o equivalente psicológico dos Trabalhos de Hércules."

Carl G. Jung

Apresentação
À guisa de "roteiro de viagem"

Inicio com uma categórica afirmação: penso que todos nós, os envolvidos, direta ou indiretamente, com a deficiência (deficientes e não deficientes: familiares, profissionais, cidadãos), temos poucos espaços de compartilhamento de dúvidas e escolhas, angústias e satisfações, certezas e incertezas, contradições, ambivalências... Além disso, no caso dos profissionais, temos também poucos espaços para divulgação de nosso agir, pesquisar e pensar.

Foi este último aspecto que me impulsionou a aceitar o desafio de escrever este livro, divulgando algumas ideias para estudantes, técnicos, familiares, leigos... Por que desafio? Porque penso que esgotar os temas e subtemas entranhados num "conhecimento" da deficiência é tarefa impossível de ser cumprida, mesmo a partir da proposta de exploração de uma faceta: aspectos psicossociais e nestes, principalmente, o da integração/discriminação-segregação.

Assim, ao aceitar o convite/desafio, tinha plena consciência de que não me seria possível enfrentar esse "trabalho de Hércules" se não partisse do pressuposto de que a tarefa era muito mais de "oxigenação" do que de "arremate": era a tarefa de apontar alguns aspectos psicossociais e não os aspectos psicossociais, inclusive aqueles envolvidos nas (ou constituidores de?) "políticas" de inclusão/exclusão.

Enfatizo, portanto, que as reflexões compartilhadas nas páginas que se seguem contêm, em si, mais a intenção de agir como fermento de outras reflexões do que a de esgotar a questão. Não se trata, assim, de um "manual". Além disso, essas reflexões foram formuladas a partir de minha própria ótica – não pretendendo, obviamente, configurar a "Verdade".

E aqui um parêntese para esclarecimento que julgo de extrema importância: eu mesma sou uma pessoa com deficiência, uma vez que tenho sequela da pólio contraída aos 15 meses de idade. Assim, meu envolvimento com a deficiência já ultrapassa meio século em termos de experiências pessoais. Já no âmbito de pesquisa, estudo e reflexão, esse envolvimento é bem "mais jovem": fim dos anos 1970.

Minha dissertação de mestrado, *Resgatando o passado: deficiência como figura e vida como fundo*, defendida em 1987, foi a primeira concretização do tema na esfera profissional. Foi, todavia, um movimento híbrido, pois, embora o contexto fosse acadêmico, o trabalho em si girou em torno de minhas próprias vivências como pessoa com deficiência, seguido de um pequeno "posfácio", no qual discuti algumas questões teóricas e metodológicas. Dele restou, entre outras coisas, o mérito de ter sido "pioneiro", no sentido de legitimar e levar para o mundo acadêmico a "voz de quem pode falar por si mesmo", seja ele deficiente, negro, imigrante...

Julguei importante esse parêntese, uma vez que ao leitor será fundamental saber de que lugar estou falando para, inclusive, perceber vieses existenciais – pelos quais "me responsabilizo" publicamente. Não penso, todavia, que isso comprometa em profundidade as colocações que se seguem, mesmo porque muitas e muitas delas foram por mim articuladas, mas não por mim criadas. Além disso, penso que certa "pessoalidade" poderá ser até mesmo fonte de enriquecimento, pois, se por mais não fosse, traria uma dimensão de carne e osso aos comentários e reflexões.

Além disso, gostaria também de mencionar que esta não é minha primeira tentativa de costurar reflexões esparsas, desenvolvidas no decorrer dos (muitos) últimos anos. De fato, iniciei essa experiência por meio de um livro editado pela Coordenadoria Nacional para Integração da Pessoa Portadora de Deficiência (Corde), do Ministério do Bem Estar Social, o *Pensar a diferença/deficiência*.

Nessa oportunidade, alinhavei entre si artigos anteriormente publicados em revistas especializadas, capítulo de livro, ideias desenvolvidas em palestras ou conferências, comunicações em encontros e congressos, entre outros.

Proponho aqui, mais uma vez, portanto, uma dada "costura" de ideias – muitas delas inéditas do ponto de vista da publicação, embora não necessariamente sempre novas, pois remetidas, algumas vezes, a reflexões anteriores, como é o caso de fragmentos de minha tese de doutoramento, de artigos ou de palestras proferidas. Pelo não "ineditismo" de algumas delas peço desculpas ao leitor, mas nem sempre a nova "costura" dispensa reflexões já publicadas!

E aqui mais uma "digressão-informação" importante: ao introduzir Hércules, assim como uma metáfora/recurso de retórica, fazia a mim mesma – talvez sem perceber imediatamente – uma proposta/desafio: seguir com a analogia como uma coluna dorsal que "sustentasse" os diversos fragmentos de pensar aqui propostos.

E "dito e feito", como em algumas histórias infantis: lá estou eu buscando Hércules e suas façanhas em minha memória, para aferir, para "calibrar", meus escritos. Um Hércules envolto em névoas, é verdade, um tanto perdido em minhas lembranças, meio misturado a conteúdos infantis pela mão de Monteiro Lobato, a conteúdos adolescentes pelas mãos dos professores de história e filosofia.

Percebo, nesse instante, que é preciso buscar a ajuda de especialistas – Vernant, Grimal, Jung, Campbell, Diel, Brandão etc. – para conhecer Hércules um pouco mais em profundidade. Mergulho então (e com imenso prazer, como me acontece nesses momentos) no mundo da mitologia. Um autor remete a outro, uma obra a outra... Pouco a pouco vou me sentindo impregnada por este universo maravilhoso do mito e, não sem um certo esforço, dele me subtraio para tentar prosseguir no objetivo de escrever este livro.

Mas dele saio revigorada de magia e de conhecimento – e uma pergunta se instala em meu pensar: quero mesmo explorar a metáfora/recurso de retórica, transformando-a na coluna dorsal destes escritos? E, a partir dela: por quê? Para quê? Vislumbro que um "sonoro sim" à pergunta inicial abafa as subsequentes. Não sei por quê, nem para quê. Só sei que o prazer de escrever veste-se de nova roupagem: o encantamento do mito.

Lembro-me, então, de algumas ideias fascinantes desenvolvidas por Pierre Grimal, num "pequeno livro" sobre mitologia grega (curiosamente, parte de uma coleção chamada "Primeiros voos"!). Saio à sua procura e encontro o buscado, o "elo de ligação" que desejo compartilhar com o leitor: o lugar do mito no pensamento humano. Assim, faço minhas as palavras do autor, quando diz da oposição entre mythos e logos como a mesma que se dá entre fantasia e razão ou entre a "palavra que narra" e a "palavra que demonstra". Diz ele:

> *O "logos", sendo uma argumentação, pretende convencer; implica, no auditor, a necessidade de formular um juízo. . . . Mas o "mito" tem por finalidade apenas a si mesmo. Acredita-se ou não nele, conforme a própria vontade, mediante um ato de fé, caso pareça "belo" ou verossímil, ou simplesmente porque se quer acreditar. . . . Reserva de pensamento, o mito terminou por viver uma vida a meio caminho entre a razão e a fé. . . . Graças ao mito, o "sagrado" perdeu seus terrores; toda uma região da alma abriu-se à reflexão. (Grimal, 1987, pp. 8-11)*

Desejei, portanto (e desejo), viver e compartilhar o desafio que o jogo analógico proposto traz em suas franjas. E assim retomo às frases que servem de epígrafe a este pequeno livro:

> *"Graças ao mito, a poesia pôde tornar-se sabedoria. O mito é uma forma de expressão, uma forma de revelação, que ajuda a conceber o mistério do mundo."*
>
> *Pierre Grimal*

> *"Ciência é abrir caminho, agora, na direção da dimensão do mistério."*
>
> *Joseph Campbell*

"A função essencial do mito do herói é desenvolver a consciência do eu individual... a penosa e longa tarefa de autoeducação, tarefa que é o equivalente psicológico dos Trabalhos de Hércules."

Carl G. Jung

Creio que agora estamos prontos (eu e o leitor) para retomarmos o percurso interrompido (?). Volto às minhas incursões pelos livros de mitologia. Volto a Hércules, esse ser ambivalente que, por sua própria história, se coloca a meio caminho entre um mito teogônico e um ciclo heroico e, por sua própria natureza, entre herói e deus.

Porém uma questão de fundo ainda se apresenta: como chamarei meu "interlocutor-acompanhante"? Héracles, como os gregos, ou Hércules, como os romanos? Pelas ressonâncias afetivas de minha infância, decido-me pelo segundo. Mas a denominação do herói/deus guarda ainda outras surpresas, pois já de início os estudiosos me remetem a questões, no mínimo, instigantes. Para uns, seu nome significa a "glória de Hera", por sair vitorioso dos "Trabalhos" impostos pela deusa; para outros, deriva de *era*, que significa "serviço"; para outros, ainda, deriva do verbo *hercere*, que significa "fechar" ou "cercar".

Persigo um pouco esse último sentido e descubro que Hércules é, portanto, uma divindade do recinto fechado, protegendo propriedades e aquisições territoriais. Além disso, sua invocação destina-se a afastar flagelos ou conseguir sucesso nos negócios. Mais: ao pé de seu altar, o *ara máxima*, são feitos juramentos e fechados contratos. E ainda: somente aos homens é dado o direito de jurar por ele.

A que me reteriam esses aspectos?

Penso logo em certas características da Ciência: por um lado, em seu investimento quer no afastamento de "flagelos" que assolam a humanidade, quer no empenho para o sucesso de pesquisas e experiências; mas, por outro lado, em "seus" esforços no sentido de, muitas vezes, manter-se num *ara máxima*, acima dos mortais, cobrando dos cientistas "juramentos" e contratos, e dos leigos, submissão. Penso na secular hegemonia masculina, a tanto custo quebrada por pioneiras, como Madame Pasteur... Penso ainda nos territórios estanques, tão criteriosamente defendidos pelos "representantes" das ciências; penso, portanto, na defesa das "propriedades" e das aquisições...

Decido, então, que não é esse o Hércules que me servirá de contraponto, não é esse Hércules-deus que busco para dar-me um norte no emaranhado de questões que desejo levantar e explorar. O Hércules que busco é aquele que "trabalha" – sigo, pois, à sua procura.

Continuando minhas leituras, tenho uma primeira grande surpresa, quase estupefação. Nesses anos todos (tantos!), mantive para mim mesma algumas das tarefas, alguns dos inimigos, alguns dos percalços do herói, enfim, aquilo a que nos remete a própria expressão "Trabalhos de Hércules". Mas havia me esquecido (ou nunca teria sabido?) do acontecimento inicial que o lança em seu percurso.

O fato é que Hércules, filho da infidelidade de Zeus, e por isso tributário do ódio eterno de Hera, sob a influência desta, entra eventualmente em estado de loucura. Num desses episódios comete o assassinato de seus próprios filhos com Mégara, sua primeira mulher. Deve então realizar as doze tarefas para redimir-se do crime.

Outras versões existem, mas essa me fascina especialmente, pois nela os "Trabalhos de Hércules" simbolizam ou sinalizam dois grandes pressupostos do universo greco-romano (e do judaico-cristão).

O primeiro deles vincula-se à necessidade de purificação pelo sofrimento, o que remete, imediatamente, à correlação usual entre deficiência/sofrimento/purificação – pressuposto que não tem minha "simpatia", mas no qual está impregnando o cotidiano.

O segundo refere-se à passagem do estado de barbárie para a civilização. Assim, o herói afasta e remove os grandes obstáculos (apresentados como monstros) do caminho do bem-estar dos povos – inicialmente pela força e finalmente pela astúcia ou pela sabedoria –, sempre com muito sofrimento, mas tendo como fruto final sua própria imortalidade. Este pressuposto remete às tentativas (nas quais incluo as minhas) de resgatar a deficiência de uma leitura supersticiosa/preconceituosa para a reflexão e o conhecimento.

Um outro aspecto genérico que gostaria, ainda, de enfatizar em relação ao mito é o fato de Hércules ter tido a colaboração de muitos dos deuses para a realização das tarefas exigidas pelo rei Euristeu. Numa liberdade poética, eu diria que diferentes ramos da Ciência, aliados ao saber espontâneo, fizeram o papel desses deuses-parceiros nas tentativas (como esta) de trazer para uma discussão aprofundada os aspectos psicossociais da deficiência.

Além disso, a essa pluralidade de contribuições (pedagogia, psicologia, antropologia, sociologia, medicina, história, direito...) também poderia corresponder a própria variabilidade geográfica onde é vivida a saga de Hércules, uma vez que seus trabalhos, divididos em duas séries, passam-se primeiramente no Peloponeso e depois pelo "resto do mundo": Creta, Trácia, Cítia, Extremo Ocidente, país das Hespérides e Inferno.

Instigantes também algumas colocações de estudiosos referidas ao número 12, reafirmado como pleno de simbolismo, desde o "caminho do Sol", o Zodíaco, até "o produto dos quatro pontos cardeais pelos três níveis cósmicos"; na simbólica cristã é "o número da Jerusalém celeste: doze portas, doze apóstolos, doze cadeiras"... E mais uma colocação que talvez seja a que mais nos interessa, e que trago pelas palavras de Brandão (1989): "Num plano simbólico as doze provas configuram um vasto labirinto, cujos meandros, mergulhados nas trevas, o herói terá que percorrer até chegar à luz..." (p. 97).

Podemos pensar a luz como um conhecimento maior da deficiência? Penso que sim.

Porém aqui abandono, temporariamente, nosso herói e volto ao presente, a este livro, a estas reflexões sobre a deficiência. Convido, portanto, o leitor a me acompanhar nesta viagem, da qual adianto as principais rotas: desvio, diferença, deficiência, impactos sociais, familiares e pessoais, integração social, mecanismos psicológicos de defesa, representações sociais, meios de comunicação e produtos culturais, prevenção, cidadania.

Parece uma miscelânea de fenômenos e conceitos? E é. Mas não uma miscelânea aleatória e, sim, uma miscelânea sugerida e necessária, exatamente, pelo caráter multifacetado do tema a desenvolver.

Assim, no primeiro capítulo são discutidas algumas das questões remetidas ao fenômeno básico subjacente à temática da deficiência: desvio/condição de desviante.

No capítulo seguinte é feito um breve delineamento histórico, para contextualizar as diferentes conceituações em seus "nichos" temporais e espaciais, num microuniverso. Trata-se de conhecer a fragmentação dos conceitos, num percurso acidentado.

No terceiro capítulo afunila-se o campo de discussão, centrando-se o conjunto de ideias na conceituação atual de deficiência. É então discutida a base multidimensional da questão: biológica, funcional e social.

Atualizados os "nichos" históricos, macrossociais, no capítulo quatro tento localizar e discutir o impacto da ocorrência da deficiência no "nicho" familiar, um microuniverso.

No capítulo seguinte, o quinto, faço um mapeamento das discussões e formulações atuais sobre as formas possíveis e usuais de apropriação da deficiência por seus portadores.

O sexto capítulo está dedicado à exploração de algumas questões remetidas à temática da integração social das pessoas com deficiência. Conceitos de integração, suas possibilidades e obstáculos, são alguns dos aspectos abordados.

A partir da dimensão psicossocial, são explorados, no sétimo capítulo, os mecanismos psicológicos de defesa e as representações sociais frente à deficiência: atitudes, preconceitos, estereótipos e estigma.

Algumas colocações derivadas da discussão dessas representações sociais encaminham, no capítulo 8, para uma outra e complexa discussão: a da participação dos meios de comunicação de massa e dos produtos culturais na perpetuação (ou não) de preconceitos e estereótipos.

No nono capítulo são apresentadas reflexões remetidas à possibilidade de "ressignificar" a diferença/deficiência, pontuando novamente alguns aspectos históricos e atuais da representação do fenômeno e apontando algumas eventuais alternativas de colaborar para uma alteração do *status quo*.

A seguir, no décimo capítulo, é explorada a questão da grade preventiva e das intervenções profissionais. Complementarmente, no capítulo seguinte, há uma volta à temática da integração, centrando-se na díade "amar e trabalhar".

Finalmente, no último capítulo dou por terminada a viagem, alinhavando algumas considerações globais e discutindo a questão da cidadania em sua interface com a deficiência.

Porém antes de desenvolver, mesmo que não exaustivamente, algumas das ideias possíveis sobre o amplo fenômeno da deficiência, alguns pressupostos básicos que as alicerçaram serão nomeados, para que se tenha acesso ao pano de fundo das reflexões sugeridas.

O primeiro desses pressupostos é que entendo indivíduo/sociedade como indissolúveis. Ou seja, a discriminação social do deficiente é um problema da sociedade que o estigmatiza e separa, mas é igualmente um problema seu enquanto indivíduo/sociedade produto e produtor da história. Sem esse pressuposto poderíamos correr o risco de "coisificar" e "vitimizar" o deficiente, perpetuando a ideia maniqueísta de força/fragilidade – cabendo à sociedade o primeiro termo e ao deficiente o segundo. Os movimentos populares coletivos dessas pessoas tentam, exatamente, quebrar essa dicotomia.

O segundo é que, partindo de uma visão histórica, estaremos sempre, necessariamente, pensando num sujeito (quem) concreto e numa sociedade (qual/onde) concreta – sendo a reflexão sobre a necessidade dessa contextualização um de meus objetivos.

O terceiro pressuposto é que a psicologia tem, sim, como colaborar nas discussões que envolvem a temática da integração/segregação do deficiente, não só porque esta última "implica sofrimento de um lado e insensibilidade do outro" (como disse um dos leitores prévios deste texto), mas porque – e especialmente à psicologia social – possui instrumental importante para discutir questões de cunho psicossocial, como atitudes, preconceitos, estereótipos, representações sociais etc. Isso não implica (muito pelo contrário) que não se deva reconhecer e valorizar a dimensão política da questão.

O quarto desses pressupostos é que a deficiência – como inúmeros outros fenômenos muito mais multifacetados que, por exemplo, o ponto de ebulição da água – apoia-se em dois grandes grupos de concepções: as descritivas e as valorativas. Neste texto, em diferentes momentos, ambas estarão presentes, a primeira subsidiando o conhecimento de fatores intrínsecos ao fenômeno da deficiência (tipo, grau etc.) e a segunda problematizando fatores extrínsecos a elas, como a interpretação e o julgamento (atitudes, preconceitos, estereótipos etc.).

Um quinto e último pressuposto (last but not least) é o de que a informação, ou a substituição do desconhecimento pelo conhecimento, por si só não dá conta da reversão de um histórico quadro segregatório, mas pode contribuir, sim, para que se ampliem as bases de uma reflexão crítica. Se assim não fosse, como explicar o véu que secularmente se estendeu sobre o tema, deixando-o envolto em névoas religiosas ou supersticiosas, talvez precisamente pela necessidade de alijar o fenômeno do âmbito da compreensão formal?

Além disso, cabe ressaltar que esse desconhecimento não está aqui referido única e exclusivamente a questões de cunho informacional no sentido cognitivo, racional – ou qualquer nome que se queira dar –, mas também (e talvez em especial) ao desconhecimento das reações emocionais (tantas vezes inconscientes e outras tantas inconfessas) geradas pela presença da deficiência no universo afetivo de cada pessoa envolvida – e, por extensão, na sociedade. Num texto de fins dos anos 1980 (Amaral, 1988), discuti um pouco mais em profundidade essas questões – e a ele remeto o leitor que desejar conhecer melhor minha leitura desses aspectos. Saliento apenas que aí associo à questão última do poder alguns dos "inomináveis" que circundam a temática da deficiência, desde nomenclaturas "neutras" até o acionamento de mecanismos de defesa do ego.

Ou seja, penso que o desconhecimento precisa, sim, ser desalojado, tanto na esfera do ideológico como nas esferas do cognitivo e do emocional, para que se tenha um "saber" e um "saber fazer" gradativamente mais lúcidos e, em decorrência, mais críticos. O que, por definição, levaria à reversão paulatina do quadro segregatório. Nisso acredito, e desejo continuar acreditando, nisso invisto, e desejo continuar investindo.

Delineado o roteiro, resta a pergunta: todos prontos para o início da viagem?

1. O Leão da Nemeia
O desvio como ponto de partida

Hércules deve enfrentar o Leão da Nemeia (irmão de Cérbero), fera que devora pessoas, extermina rebanhos, destrói plantações. O herói tem dificuldade para encontrar o inimigo, mesmo porque as pessoas temem até dizer seu nome! Ao deparar-se, finalmente, com o monstruoso animal, Hércules não lhe dá as costas, preferindo enfrentá-lo olhos nos olhos, medo com medo, corpo a corpo, e assim o vence. A partir de então, passa a usar sua pele como armadura e sua cabeça como capacete. Zeus, por seu lado, após a vitória de Hércules, transforma o leão em constelação, para que possa ser mais um guia para os viajantes.

Para introduzir este capítulo (e iniciar a viagem), remeto-me, como proposto, aos Doze Trabalhos de Hércules e, mais especificamente, àquilo que os desencadeia, ou seja, a gênese de seu percurso heroico-compulsório. De fato, como se viu, seu comportamento desviante dos padrões e das expectativas – ao cometer o infanticídio – é o que desencadeia a saga. Interessante notar que

> *recuperada a razão, o herói . . . dirigiu-se ao Oráculo de Delfos e pediu a Apolo que lhe indicasse os meios de purificar-se desse "morticínio involuntário", mas, mesmo assim, considerado "crime hediondo", na mentalidade grega. A Pítia ordenou-lhe colocar-se ao*

> *serviço de seu primo Euristeu durante doze anos, ao que Apolo e Atená teriam acrescentado que, como prêmio de tamanha punição, o herói obteria a imortalidade. (Brandão, 1989, pp. 95-96)*

Ou seja, sua purificação pelo sofrimento é imposta pelos deuses por meio de uma grande figura social de autoridade – o rei Euristeu, que (paradoxalmente?) é "tido e havido como um poltrão, um covarde, um deformado física e moralmente" (Brandão, 1989, p. 96). Para Paul Diel (Diel, 1991, p. 196), Hércules deverá realizar sua libertação essencial e interior estando sujeito às condições impostas pelo meio ambiente, sendo estas simbolizadas por Euristeu.

Penso que essas "condições ambientais" podem ser entendidas, em nossa analogia, como os critérios que definem desvio, anormalidade, divergência... E é sobre esses critérios que podemos basear muitas das reflexões sugeridas pela temática do desvio.

Assim, passemos agora ao primeiro dos trabalhos de Hércules.

Uso o contraponto dessa primeira façanha para indicar a necessidade de olhar de frente a problemática do desvio, malgrado a própria dificuldade de chegar a ele, pela existência de uma "política" de despistamento, oculta nas franjas de parâmetros estatísticos ou de naturalização dos fenômenos.

Oculta também nas franjas de frase demagógica emitida (algumas vezes até com "boas intenções") por tantas pessoas: "somos todos desviantes, somos todos deficientes". Somos todos imperfeitos, somos todos diferentes uns dos outros – essas são afirmações legítimas. Mas desviantes? Deficientes? Sabemos todos muito bem que não. Que distância há entre usar óculos e ser cego! Entre ter "pés chatos" e ser paraplégico! Entre ter "orelhas de abano" e ser surdo!

É preciso diferenciar para compreender melhor. Há que separar para possibilitar a compreensão. Mas para diferenciar e separar há que conhecer o "divisor de águas" entre o normal e o anormal, entre o desvio e o não desvio, entre o "legítimo" e o "ilegítimo"...

Falemos agora, portanto, de desvio, de sua leitura e de suas consequências (e estaremos falando da deficiência). Falemos também da possibilidade de transformar aquilo que era inimigo numa luz norteadora de futuras incursões, como a constelação criada por Zeus.

Desvio

Começo lembrando que, de forma genérica, a condição desviante é estabelecida a partir de três ordens de critérios: o estatístico, o anatômico/funcional e o de um "tipo ideal".

O indicativo da média ou, especialmente, da moda estatística (valor da variável que corresponde a um máximo de frequência numa curva de distribuição) é usualmente um dos critérios que demarca o desvio. Ou seja, é um parâmetro referido à frequência de aparecimento de um dado – idade, sexo, altura, peso, raça, religião, comportamento... –, dado esse calibrado por inúmeros e possíveis instrumentos de "medida".

Assim, a partir de levantamentos específicos, podemos dizer que a altura "do homem brasileiro" é de tantos centímetros, que o Brasil é um "país jovem", que os velhos são "minoria", que nosso povo é "magro", que os componentes da comunidade judaica configuram uma minoria...

O segundo critério, que estou denominando de anatômico/funcional, refere-se à "vocação" das formas e funções de objetos ou pessoas. Obviamente, forma e função não estão necessariamente sempre interligadas, mas, tendo em vista a especificidade da discussão aqui encetada, tomo a liberdade de uni-las por uma barra de ligação. Veremos mais à frente como se dá, ou não se dá, essa confluência.

Explicando melhor minha linha de raciocínio, diria que a "integridade" da forma e a "competência" para o exercício de funções são critérios que definem modalidades de desvio, desde um automóvel sem portas ou sem motor até uma pitanga quadrada ou petrificada, passando por banquetas de duas pernas ou pessoas com uma apenas!

Digamos que, *grosso modo*, essa modalidade de categorização do desvio é a menos impregnada de crenças, valores, opiniões... Friso o "menos" pois isso pode ocorrer – e ocorre – mediante especificidades de caráter econômico, religioso, científico, político...

O terceiro critério apontado refere-se ao cotejamento entre um indivíduo de um determinado grupo e o "tipo ideal" por esse mesmo grupo construído. A aproximação ou o afastamento (ou, se quisermos, a semelhança ou a distinção) entre o analisado e o protótipo configurarão, respectivamente, o pertencimento ou o desvio.

Esse mapeamento introdutório, e inevitavelmente superficial, pareceu importante para localizar a questão que nos interessa (desvio/deficiência) em seu universo de referência. Desejo agora tentar aprofundar alguns de seus aspectos, como a temática da patologização do desvio, e para isso vou me basear em postulações de estudiosos e pesquisadores, de várias áreas.

Assim, proponho começarmos "ouvindo" a antropologia. E, embora a obra *Desvio e divergência* (organizada por Gilberto Velho) esteja mais voltada para a questão do comportamento desviante do que para a do "corpo desviante" – o que tem um profundo sentido para Hércules e suas façanhas –, lançarei mão de algumas de suas colocações.

Em "O estudo do comportamento desviante: a contribuição da Antropologia Social", artigo inicial dessa obra, Velho (1989) enfatiza que, no nível do senso comum, o problema dos desviantes é remetido a uma perspectiva de patologia, com a "contribuição" dos órgãos de comunicação de massa, que, encarregando-se de divulgar e enfatizar essa perspectiva, a sedimentam. Além disso, essa formulação pode se dar a partir de trabalhos acadêmicos que, em suas palavras, "não são capazes de superar a camisa-de-força de preconceitos e intolerância" (Velho, 1989, pp. 11-14).

Em muitos desses trabalhos, sabe-se que, dependendo da ótica, o "mal" estaria localizado no indivíduo (geralmente então definido como fenômeno endógeno ou mesmo hereditário) ou nos mecanismos socioculturais mobilizados na identificação desse tipo de desvio. Oscila-se, portanto, entre uma patologia do indivíduo e uma patologia social. Mas, como diz Velho, desviar o foco do problema para a sociedade não resolve magicamente as dificuldades.

Assim, embora seja legítimo pensar que a distinção dos diferentes níveis – biológico, psicológico, social e/ou cultural – facilite a construção de um conhecimento analítico sistematizado, simultaneamente é preciso não ignorar que uma "ação social" se desenvolve nos três níveis, ao mesmo tempo e no mesmo espaço.

A esse respeito, diz Velho que a dicotomia Indivíduo × Sociedade e/ou Cultura é que determina esses caminhos. Ou seja, não se trata de negar a especificidade de fenômenos biológicos, psicológicos, e socioculturais, mas sim de reafirmar a importância de não perder de vista o seu caráter de inter-relacionamento complexo e permanente.

Velho diz ainda – logo nos parágrafos iniciais, aliás – que o desvio, e mais especificamente o indivíduo desviante, tem sido abordado a partir de uma perspectiva médica, portanto, de uma perspectiva preocupada em distinguir o "são" do "não são".

Por outro lado, em nosso contexto sociocultural a doença é decodificada usualmente como anormalidade, como desvio, como inferioridade – sempre se remetendo à média da população. Assim, raramente ela é pensada como diversidade.

Normalidade/Anormalidade

Como minha tentativa de sistematização está referida à diferença/deficiência, com propriedade ou impropriamente relacionada ou consequente a uma doença, é importante ouvir também a medicina.

Assim, vejamos o que tem a nos dizer o dr. Berlinguer, remetendo-se ao texto de patologia geral de Guido Vernoni:

> *Entre o tipicamente normal e o claramente patológico existe toda uma zona cinza intermediária de condições seminormais. Na linguagem comum, tais condições variadas de observação simples foram sempre distinguidas por termos especiais. No campo*

> *morfológico exterior, por exemplo, são usadas as definições de "belo, feio e disforme", no campo moral, "bom, mau, maldoso", no campo das sensações corpóreas, fala-se de "bem-estar, mal-estar e doença". (Berlinguer, 1988, pp. 59-60)*

O autor pergunta-se então: "Quem é normal?" E responde com a dificuldade inerente à própria questão, pois se é difícil a definição da norma nos sistemas físicos, o que dizer dela num mundo tão diversificado como o dos sistemas biológicos? Hoje, afirma ele, todas as ciências que estudam os seres vivos tendem a sublinhar cada vez mais o aspecto da individualidade. Isso torna o conceito de norma muito mais dinâmico, ao eliminar a inflexibilidade tão comum em tempos anteriores, como especialmente no século XX. Em consequência, as distinções entre normal e anormal, e entre anormal e patológico, sofisticam-se cada vez mais.

Mas é sempre importante ouvir vários especialistas. Ouçamos, então, o que Canguilhem (1990) diz sobre o "normal". Dentre inúmeras colocações, o autor se remete à própria etimologia da palavra, lembrando que norma significa esquadro, ou seja: "aquilo que não se inclina nem para a esquerda nem para a direita" (Canguilhem, 1990, pp. 95-96). Aponta, então, dois sentidos derivados: o normal como aquilo que é como deve ser; e o normal como aquilo que se encontra na maior parte dos casos de uma espécie determinada ou que constitui a média ou módulo de uma característica mensurável.

E aí reside para o autor (o que modestamente endosso) o grande equívoco: o mesmo termo designar simultaneamente um fato e um valor (advindo de um julgamento) atribuído por aquele que fala do fato.

Canguilhem lembra, então, que há uma confusão análoga em medicina: o estado "normal" designando, ao mesmo tempo, o estado habitual e o estado ideal dos órgãos. Mas o mesmo autor enfatiza, mais adiante, que é a vida em si mesma, muito mais que a apreciação médica, que transforma o normal biológico num conceito de valor.

Canguilhem (1990, pp. 106-108) aprofunda ainda mais a relação (ou a des-relação) entre diversidade, anormalidade e patologia, afirmando que diversidade não é doença, que o anormal não é o patológico – este implica em *pathos*: um sentimento direto e concreto de sofrimento e de impotência, "sentimento de vida contrariada".

E aqui temos uma introdução para aprofundar o tema "doença" – o que tem sentido claro e específico: pela grande possibilidade de analogia entre deficiência e doença (embora sejam muitas vezes situações coincidentes, não o são necessariamente); e porque a própria classificação das deficiências segue o modelo médico, como veremos mais à frente.

Em relação ao conceito de doença, na pesquisa bibliográfica desenvolvida encontrei assinaladas duas grandes tendências: ontológica e dinâmica, que serão expostas em síntese baseada nas elaborações de Canguilhem (1990) e Laplantine (1991).

Na concepção ontológica da doença, esta é considerada o oposto qualitativo da saúde, sendo seu eixo central a própria doença. Essa ideia da existência de um "ser" da doença encontrou sua primeira expressão científica em uma das correntes da medicina hipocrática, quando da tentativa de ruptura com o pensamento especulativo e o início da atenção aos sintomas corporais do doente.

Na concepção dinâmica da doença, a ênfase desloca-se de um modelo localizante para um totalizante. Sendo a natureza harmonia e equilíbrio, tanto dentro como fora do homem, a doença é um derivado quantitativo do estado normal, é a perturbação do equilíbrio, da harmonia. As circunstâncias externas são ocasiões e não causas, e a doença não é uma entidade inimiga e estranha, mas um desarranjo – por falta ou excesso. É, portanto, uma concepção funcional, relacional. Três são as possibilidades básicas de representações advindas do modelo dinâmico: ruptura do equilíbrio entre o homem e ele mesmo, o homem e o cosmos e o homem e seu meio social.

Assinala Canguilhem (1990, p. 21), referindo-se às duas concepções (denominadas por ele de ontológica e positivista), que há atualmente, no pensar médico, um movimento oscilatório entre essas duas representações da doença. "Também da deficiência!", diria eu.

Poderíamos então perguntar: existe algo em comum nessas concepções? Por mais paradoxal que pareça, sim: o fato de encararem a doença, a experiência de estar doente, como uma situação polêmica. E, sendo polêmica, mudam apenas os "adversários": o organismo contra um ser estranho ou luta intestina entre forças que se confrontam.

O leitor lembrou-se de Hércules? Eu sim!

E aqui volto ao dr. Berlinguer e a algumas de suas colocações, introduzindo mais enfaticamente alguns conceitos, chamemos assim, relacionais. O autor reflete sobre "norma biológica" e "norma social", enfatizando que, para alguns fenômenos, a maneira de "julgar" pode ser, dependendo das contingências, apenas biológica. Mas enfatiza também que, pelo contrário, existem fenômenos que são avaliados ou considerados como normais ou anormais dependendo de outros fatores: profissão, cultura, renda, possibilidades terapêuticas... Enfatiza ainda o fato de a sociedade poder transformar essas avaliações em motivo de exclusão ou de reprovação.

Concordo *in totum* com o autor, quando este afirma categoricamente que fazer coincidir anormalidade e patologia (com sua carga de preconceitos) é uma arbitrariedade, pois, se existe uma normalidade biológica, a ela está ligada uma normalidade social, com sua avaliação ética e moral dos comportamentos, avaliação essa que, além de mesclar critérios "objetivos" e "subjetivos", é sempre dependente do contexto. E mais:

> *nas sociedades desenvolvidas são sempre maiores as reações e as interações institucionais, que se ligam à economia, ao Estado, à cultura, ao poder. Mais a característica social das pessoas é ser pobre e marginal, maior a probabilidade de que estas pessoas sejam definidas como anormais. (Berlinguer, 1988, pp. 61-62)*

Do autor destaco, ainda, uma fala de especial pertinência:

> *Parto da premissa, para evitar dúvidas, que as* doenças existem, *e assombra o quanto algumas delas sejam diversamente consideradas segundo a sociedade, a época, os indivíduos. . . . Existe também a tendência acentuada na sociedade atual, extremamente competitiva e tecnificada, que é a* de multiplicar as barreiras

> seletivas, procurando justificá-las em uma capa de cientificidade, *ao invés de procurar uma maior integração e de reduzir as condições patogênicas. (Berlinguer, 1988, pp. 63-68)*

O grifo é meu e sublinha a necessidade, em meu entender fundamental, de não negar a existência física, real, concreta (ou qualquer nome que se queira dar) de uma dada alteração corporal, de uma dada deficiência, o que não quer dizer que essa concretude corresponda à totalidade do fenômeno. Como já vem sendo dito, nas linhas ou entrelinhas, minhas e de autores citados, se não é possível julgar o "normal" e o "patológico" somente pelo biológico, também não o é sem a sua inclusão.

Assim, do ponto de vista biológico, o desvio está presente, no corpo, por exemplo, quando há falta ou excesso de. É ou não é um corpo desviante, da espécie humana, conforme esteja ou não constituído segundo os parâmetros fixos e imutáveis da natureza. Mas é importante sublinhar que a mutualidade dos binômios saúde/ideal e desvio/patologia sinaliza a sua efetiva inserção num processo único. E talvez o mais importante: embora a diferença constitua-se sobre bases biológicas ou psicológicas, ao ser revestida de um juízo social terá, inevitavelmente, consequências na vida cotidiana.

Nesse sentido, talvez um aspecto interessante a abordar seja a correlação entre doença/deficiência e perigo, e seus desdobramentos psicossocioculturais. Para essa discussão respaldo-me, ainda, em considerações de Berlinguer ao debruçar-se sobre as várias motivações subjacentes a essa correlação. Dentre elas destaque-se: o risco dirigido à saúde dos outros; a eleição de um "indivíduo-alvo", isto é, de um "bode expiatório" em quem descarregar as desgraças da comunidade; as dificuldades e angústias introduzidas pela doença na convivência social e familiar...

A que eu acrescentaria: a ameaça contida na própria existência da condição de diferença!

Mas a primeira dessas motivações é a única de cunho lógico-racional, pois – baseando-se na ideia de contágio, de conhecimento empírico da transmissividade – tem origem num fato real. Todavia aqui vale lembrar que o limite entre a legítima necessidade de prevenir e a presença de preconceitos é sempre de difícil definição. Ou, como diz Berlinguer (1988):

> *mesmo quando, entre os séculos XVIII e XIX, descobriu-se que os agentes responsáveis pelas doenças infecciosas eram os micróbios e não os homens, o conceito de "perigo social" foi usado, mais como pretexto, para um controle sobre as pessoas e não somente sobre as doenças do que para medidas específicas de prevenção. Isto é, fez-se um uso cultural e político negativo de uma descoberta que, ao contrário, era positiva.... a repressão constantemente voltava-se contra o doente, ao invés de combater a doença. (pp. 76-83)*

Aqui um parêntese doloroso: toda a gama de reações e procedimentos que circunda a aids nos diz, lastimavelmente, que é como se os séculos XVIII e XIX fossem o hoje!

Concluindo (temporariamente) o raciocínio desenvolvido em torno do tema "desvio" e suas interfaces com algumas questões socioculturais, trago as reflexões de José Carlos Rodrigues (1983, pp. 44-46).

Salienta o autor que cada sociedade, dependendo de suas características, elege um determinado número de atributos que configuram como o seu homem-ideal deve ser: intelectual, moral e corporalmente. Além disso, essa constelação de atributos é uniforme para todos os membros, embora haja sutis (ou não sutis) diferenças segundo os distintos grupos, classes ou categorias dessa sociedade.

O mundo das representações se adiciona e se sobrepõe a seu fundamento natural e material, sem provir diretamente dele. As forças físicas e as forças coletivas estão simultaneamente juntas e separadas.

Eis aí uma introdução interessante para a necessária localização do fenômeno diferença/deficiência.

Talvez sejam muitos os conceitos a explorar, mas parece-me imprescindível fazê-lo (mesmo à custa de muita energia mutuamente despendida), pois a construção de uma linguagem e de um entendimento comuns é (como todos sabemos) condição *sine qua non* para qualquer compartilhamento de ideias.

Mas antes retomo uma frase do início do capítulo: "Falemos também da possibilidade de transformar, após o embate, aquilo que era inimigo numa luz norteadora de futuras incursões, como a constelação criada por Zeus".

Ou seja, a partir da exploração e do questionamento da noção de desvio, pode-se pensá-lo de forma inovadora: não mais e tão somente como patologia (seja individual ou social, seja "maléfica" ou "benéfica" – para usar expressões de Laplantine), mas como a expressão da diversidade da natureza e da condição humana, seja qual for o critério utilizado, dentre os três mais usuais: estatístico, anatômico-funcional ou do "tipo ideal".

Enfatizo, portanto, a possibilidade de uma nova constelação – a da diversidade – para pensarmos o desvio concretizado em deficiência.

Com esse pano de fundo, proponho-me a afunilar o raciocínio, enfocando nosso tema propriamente dito.

Mas que o leitor não espere, já, uma conceituação atual (ou uma atualidade conceitual?), pois me pareceu imprescindível precedê-la de breve incursão prospectiva.

Seguem-se, portanto, algumas balizas do percurso histórico de representações da deficiência, de algumas das reações a ela, de alguns procedimentos em relação a seus portadores...

Hércules e a "Hidra de Lerna" estarão conosco na próxima etapa/tarefa.

2. A Hidra de Lerna
Deficiência: uma fragmentação de conceitos em percurso acidentado[1]

No segundo trabalho, Hércules deve enfrentar a terrível Hidra de Lerna: monstro com corpo de serpente, dotado de cem venenosas bocas humanas, de pestilento hálito. Seu poder de destruição alastra-se pela região, secando plantações e matando pessoas. Para essa tarefa o herói não parte só – leva consigo um sobrinho. O embate é, mais uma vez, corpo a corpo, e Hércules finalmente consegue, com a espada (arma de combate espiritual), decepar a cabeça principal, enterrando-a sob um rochedo. Utilizando um archote (que simboliza a perfeição), cauteriza as feridas das demais cabeças, impedindo--as, assim, do refazer-se constante de que são capazes. Finalmente, embebe suas próprias setas no veneno da fera, perpetuando, a seu serviço, o poder nelas então contido.

O que teria a dizer, para dar prosseguimento à analogia entre os trabalhos de Hércules e a deficiência?

Penso que, ao falarmos de discussão e clarificação conceitual, falamos de combater o desconhecido: a assustadora Hidra de Lerna. Ao falarmos de combater a fragmentação de conceitos (muitas vezes contraditórios), falamos

1 As ideias aqui desenvolvidas incluem reflexões atuais bem como fragmentos da minha tese de doutorado, especialmente do subitem 3 da "Introdução" (Amaral, 1992a, pp. 23-39).

de combater as muitas cabeças da Hidra de Lerna, as muitas cabeças dos labirintos das representações, tantas vezes encobridoras do fenômeno real. Falamos também de uma forma de proteção em futuros embates, como o veneno nas flechas de Hércules. Ou seja, a possibilidade de transformar aquilo que ameaçava em trunfo, em "bagagem cultural".

Assim, embora a intenção não seja a de esgotar tema tão vasto como a "história da deficiência" e suas inúmeras representações sociais, penso que percorrer, mesmo que sucintamente, esse percurso pode localizar mais claramente a questão, especialmente para alguns leitores que não estejam com ela familiarizados.

Todos os estudiosos são unânimes: não há muitas informações disponíveis sobre o que ocorria nos tempos antigos em relação à deficiência. Dentre esses poucos dados, pode-se ter, por exemplo, uma versão bíblica da deficiência, e alguns de seus preceitos a ela relacionados, por meio das seguintes frases:

> *E o Senhor falou a Moisés, dizendo: Dize a Arão: O homem de qualquer das famílias de tua linhagem que tiver deformidade* [corporal]*, não oferecerá pães ao seu Deus, nem se aproximará de seu Ministério; se for cego, se coxo, se tiver nariz pequeno ou grande ou torcido; se tiver um pé quebrado ou a mão; se for corcovado, se remeloso, se tiver belide na vista, se sarna pertinaz, se tiver herpes pelo corpo ou uma hérnia. Todo o homem da estirpe do sacerdote Arão, que tiver qualquer deformidade* [corporal], *não se aproximará a oferecer hóstias ao Senhor, nem pães ao seu Deus; comerá todavia dos pães que se oferecem no santuário, contanto, porém, que não entre do véu para dentro, nem chegue ao altar, porque tem defeito, e não deve contaminar o meu santuário. (Bíblia Sagrada, 1947, Levítico 21:16-23)*

De igual teor os preceitos relacionados aos animais a oferecer em sacrifício: "Para que seja oferecido por vós, será um macho sem defeito, dentre os bois ou ovelhas, ou cabras. Se tiver qualquer defeito, não o oferecereis, nem será aceito" (Bíblia Sagrada, 1947, Levítico 22:19-20).

No universo grego, em seu aspecto lendário, Paul Vernant (1991, pp. 59-61) lembra, por exemplo, a narrativa de Heródoto nos contando que na oligarquia dos Baquíades surge Labda, a manca, que é por isso colocada à margem da raça a que pertence, não sendo aceita para esposa por nenhum representante da linhagem. Ao que Louis Gernet contrapõe hipótese interessante: torna-se coxa por casar-se fora do grupo – o que sublinha a correlação entre comportamentos moralmente reprováveis e a claudicância. E diz Vernant: "De qualquer modo, que ela não tenha podido se casar segundo as regras, porque manca, ou que a tenham denominado manca porque casado fora das regras, Labda é desqualificada para dar à luz um baquíade autêntico" (1991)

Ainda nessa linha correlacional, é interessante apontar outro aspecto levantado por Vernant: a equivalência entre bissexualidade/homossexualidade/hermafroditismo e o coxear, como pode ser lido em Hesíodo: "Plístenes era hermafrodita ou coxo" (Vernant, 1991, p. 60).

Quanto ao universo greco-romano, sabe-se que as pessoas desviantes/diferentes/deficientes tinham, conforme o momento histórico e os valores vigentes, seu destino selado de forma inexorável: ora eram mortas, assim que percebidas como deficientes, ora eram simplesmente abandonadas à "sua sorte", numa prática então eufemisticamente chamada de "exposição". Desta última, inclusive, resultou o uso dessas crianças para a mendicância, uma vez que eram frequentemente recolhidas por pessoas da plebe com o intuito de, a partir do sentimento de caridade da população, auferir rendimentos que viessem "engordar" seus recursos.

Fustel de Coulanges (1957, p. 349) nos conta que nesse contexto greco-romano o Estado tinha o direito de não permitir cidadãos disformes ou monstruosos e, assim, ordenava ao pai que matasse o filho que nascesse nessas condições. O autor identifica esse preceito em antigos códigos de Esparta e de Roma (Cícero, Dionísio e Plutarco são historiadores/moralistas citados) e assinala que Aristóteles e Platão o inscreveram em suas legislações ideais.

Assim, segundo Platão (428-348 a.C.), nos Livros III, V e VII, respectivamente, da República:

> [medicina e jurisprudência] *cuidarão apenas dos cidadãos bem formados de corpo e alma, deixando morrer os que sejam corporalmente defeituosos... é o melhor tanto para esses desgraçados como para a cidade em que vivem. (Platão, 1972, p. 716)*
>
> *os* [filhos] *dos homens inferiores, e qualquer dos outros que seja disforme, escondê-los-ão num lugar interditado e oculto como convém. (Platão, 1949, p. 229; 1972, p. 746)*
>
> *Por não saberem discernir essas qualidades* [temperança, coragem, grandeza de alma e demais virtudes], *os Estados ou os particulares incorrem, sem saber, em erro ao escolherem coxos e bastardos quando elegem os primeiros como magistrados ou fazem dos segundos seus amigos. (Platão, 1985, p. 78; 1972, p. 791).*

Um pouco depois, ou quase simultaneamente, Aristóteles (384-322 a.C.), no Livro IV, Capítulo 14, da *Política*, fazia coro a Platão, propondo: "com respeito a conhecer quais os filhos que devem ser abandonados ou educados, precisa existir uma lei que proíba nutrir toda criança deforme" (Aristóteles, 1966, p. 150).

O Código de Manu, cujos doze livros foram elaborados em data incerta – provavelmente entre 200 a.C. e 200 d.C (Lira & Faoro, 1976, p. 2578) –, escrito em sânscrito e de caráter acentuadamente religioso, contém doutrinas das diferentes escolas bramânicas sobre o *dharma*, deveres civis e religiosos. Seu artigo 612 nos fala de proibição sucessória: "Os eunucos, os homens degredados, os cegos, surdos de nascimento, os loucos, idiotas, mudos e estropiados, não serão admitidos a herdar" (Assis & Pussoli, 1992, pp. 28-29).

Quanto ao universo romano, é ainda Fustel de Coulanges que nos diz que o Código das Doze Tábuas (primeira legislação escrita dos romanos), embora afaste-se do direito primitivo, conserva o poder do pai, a quem é dado julgar, condenar, vender e matar o filho. Ricardo Lira e Raimundo Faoro (1976, p. 2579) complementam dizendo-nos que esse código, "revigorando teor de uma lei régia, obrigava o 'paterfamilias' a matar logo após o parto o descendente disforme". Assim, segundo a Tábua IV: "Que o filho nascido monstruoso seja morto imediatamente" (Assis & Pussoli, 1992, p. 37).

O pensamento romano referido às diferenças (especialmente as corporais) pode, ainda, ser detectado nas palavras – e nas entrelinhas – do filósofo epicurista Lucrécio (98-55 a.C.), que, falando dos princípios da vida em *Da natureza*, nos diz que:

> *A Terra tentou criar numerosos monstros de estranho aspecto e membros, por exemplo o andrógino . . . e os seres que não tinham pés ou que não tinham mãos, e também os que não tinham boca e eram mudos e os que se encontravam cegos e sem face e os que tinham os membros inteiramente presos ao corpo e não podiam fazer coisa alguma, nem andar, nem evitar o mal nem apanhar aquilo que seria útil. . . . tudo inútil porque a natureza lhes impediu o crescimento e não puderam alcançar a desejada flor da idade nem encontrar alimento nem unir-se pelo ato de Vênus. . . . não puderam, reproduzindo-se, dar origem a uma descendência. (Lucrécio, 1980, p. 107)*

Já no início da era cristã, Lucius A. Sêneca (4-65 d.C.), em *De Ira*, XV. 2, justifica o infanticídio a isso referido, argumentando: "nós sufocamos os pequenos monstros; nós afogamos até mesmo as crianças quando nascem defeituosas e anormais: não é a cólera e sim a razão que nos convida a separar os elementos sãos dos indivíduos nocivos" (Sêneca, 1942, p. 18, tradução nossa).

Coerentemente, é esse mesmo Sêneca que, em "Apocoloquintose do divino Cláudio", obra satírica sobre a morte do cruel imperador, ao retratar sua chegada aos céus sublinha ironicamente a correlação entre traços de caráter e condição física: "Anunciam a Júpiter a chegada de um fulano, estatura normal, cabelos quase brancos: 'Não deve ter boas intenções, pois abana continuamente a cabeça; e coxeia do pé direito'" (Sêneca, 1980, p. 253).

Ainda no universo judaico-cristão, vejamos, por exemplo, alguns trechos bíblicos referidos à deficiência visual, lembrando antes um aspecto interessante que circunda a temática: a díade ambivalência/ambiguidade. Uma das mais antigas representações da cegueira de que se tem notícia é disso exemplo precioso.

Trata-se do Antigo Testamento (Bíblia Sagrada, 1947), mais especificamente de seu Quinto Livro, o Deuteronômio, no qual se lê:

> *Maldito o que faz um cego errar no caminho. (Bíblia Sagrada, 1947, Deut 27:18)*
>
> *Porém se tu não quiseres ouvir a voz do Senhor teu Deus, para observar e pôr em prática todos os seus mandamentos e cerimônias que eu hoje te prescrevo, virão sobre ti todas estas maldições, e te alcançarão . . . O Senhor te fira de loucura, de cegueira e frenesi. (Bíblia Sagrada, 1947, Deut 28:15-28)*

Na primeira citação podemos inferir uma representação do cego como "vítima", do cego como possível alvo de "vilanice" de outrem, do cego de quem é preciso cuidar – a ponto de esse cuidado servir de contraponto a uma maldição. Na segunda podemos detectar uma representação do cego como "vilão", pois a cegueira (assim como a loucura e a deficiência mental) é apresentada como um castigo divino à desobediência – sendo então o cerne da própria maldição.

Na Bíblia Sagrada, poucas linhas separam uma da outra!

Também no próprio exercício da ritualidade o Antigo Testamento aponta ambiguidades: os cegos "não podiam" oficializar serviços religiosos, e "estavam desobrigados" de ir a Jerusalém para outras obrigações.

O ato de desobrigar remete-nos à ideia de fragilização e o de proibir à de punição.

Aliás, ainda sobre a questão da punição, vale lembrar que esta se concretiza historicamente nos inúmeros procedimentos de auto ou heteromutilação pelo ato de vazar ou arrancar os olhos como forma de punir. Correlaciona-se assim, inexoravelmente, a cegueira a traços de caráter, à culpa, ao pecado, ou qualquer nome que se queira dar a atos de transgressão moral ou social. Não vou alongar-me sobre isso, mas tanto o Antigo Testamento como a mitologia – mediante histórias como as de Sansão, Tobit, Sedécias, Édipo, Tirésias, Licurgo e Fineu (estes últimos reis da Trácia) – talvez bastem para ilustrar a afirmação.

Não só a mutilação visual ocorria, mas também amputações de mãos ou língua, por exemplo, podem ser encontradas no trajeto da humanidade, sublinhando, assim, a deformidade corporal como correlacionada a questões morais: roubo, adultério, calúnia etc.

Apesar da mencionada escassez ou falta de sistematização de dados sobre as deficiências em geral, já em relação à mental vários autores (dentre os quais Mazzotta, 1989; Mises, 1977; Perron, 1972; Pessotti, 1984; Zazzo, 1976) podem nos ajudar, trazendo mais algumas informações importantes. Por meio desses estudiosos podemos saber que o extermínio e a exposição eram práticas realmente levadas a cabo na Grécia e em Roma.

"Instalada" na superstição e na ambiguidade, dilacerando-se entre o bem e o mal, entre o imperfeito como presença do demônio e como presença de Deus na diversidade da natureza, a Idade Média reconhece a existência da alma no deficiente e prescreve ora a dádiva da caridade, ora o açoite. Isso porque, muitas vezes, o deficiente era considerado possuído pelo demônio, pois entendia-se que, quando faltavam a razão e a perfeição, aí estava o "mal". Em consequência, eram frequentes os rituais de flagelação.

Até aqui, eu trouxe alguns exemplos dos discursos filosófico e religioso. E o que teria a dizer a ciência? Teriam sido diferentes as suas falas? Em que sentido?

Paracelso e Cardano (ambos do século XVI) são os primeiros a trazer a questão da deficiência para o âmbito da ciência, mais especificamente da medicina (pois eram médicos e alquimistas), demarcando uma fronteira entre a visão teológica ou moral e a científica. Esses estudiosos, embora mantivessem uma estreita ligação com as teorias que enfatizavam as forças cósmicas, afirmavam a legitimidade de tratamento para as pessoas com deficiência.

No século XVII, Thomas Willis, em *Cerebri anatome*, de 1664, faz tentativas de localizar encefalicamente a deficiência mental. A esse respeito, pode ser interessante reproduzir uma de suas falas, como transcrita por Pessotti (1984):

> *A idiotia e a estupidez dependem de uma falta de julgamento e de inteligência . . . o cérebro é a sede da enfermidade . . . se a imbecilidade ou a estupidez aparecem, a causa reside na região*

cerebral envolvida ou nos "espíritos animais" (substâncias sutis, explosivas, como gases), ou em ambos. (p. 18)

No século XVIII algumas inovações surgem no universo da ciência, embora a herança da Idade Média se faça ainda presente. Desse período histórico é digna de nota a abordagem de Foderé, que, em seu *Tratado do bócio e do cretinismo*, reforça e consagra a ideia do fatalismo hereditário da deficiência mental, lastreada numa visão teórica unitária.

De acordo com Mises (1977, p. 16), é a partir dos Enciclopedistas que a dimensão verdadeiramente humana é reconhecida aos deficientes, criando-se, a partir daí, o terreno propício às tentativas educacionais e à visão científica da questão.

No século XIX serão vários os profissionais que se debruçarão sobre a questão da deficiência, especialmente a mental, como Pinel, Itard, Esquirol, Seguin, Morel, Down, Dugdale, Froebel, Guggenbuehl - apenas para citar os mais conhecidos.

Nesse período há a coexistência de múltiplas representações do fenômeno e, consequentemente, de múltiplas abordagens e atuações: algumas de caráter mais educacional, outras de cunho médico. Mas, de uma forma geral, pode-se assinalar esse período como o da superação da visão da deficiência como doença e o início de seu entendimento como estado ou condição. Para isso contribuíram muito Itard, Esquirol, Seguin, Froebel e Guggenbuehl. Por outro lado, paradoxalmente, mantêm-se, com algumas propostas, as ideias de degenerescência da espécie e de correlação moral - como é o caso de Morel e Dugdale respectivamente.

Gostaria, antes de passar para o século XX, de apontar algumas características do próprio percurso da ciência, ou melhor, dos fatores que conduziram do "estado pré-científico" ao "científico".

Para isso trago Jean Piaget, que, em sua obra *A situação das ciências do homem no sistema das ciências* (1970), aponta algumas facetas desse caminho. Diz o autor que os fatores que encaminharam para o "estado científico" foram basicamente os seguintes: 1) Da "centração" em relação a pontos de vista próprios para a tendência comparatista; 2) da "não historicidade" para a tendência histórica e genética; 3) da especulação filosófica para o modelo das ciências naturais; 4) da metodologia difusa para a delimitação de problemas; 5) da especulação e/ou reflexão continuada para os controles mútuos e críticas (Piaget, 1970).

Como vimos e veremos, de fato essa passagem veio permitir novas visões e abordagens dos diferentes problemas humanos, dentre eles os das doenças e das deficiências.

Bem, aqui chegamos ao século XX, que, em seu início, demonstra a permanência da ênfase orgânica em relação à etiologia da deficiência. Todavia, nesse mesmo início de século, começa a surgir um novo ramo da ciência interessado no tema: a psicologia. Binet inicia esse trajeto, associando-se a preocupações educacionais.

Do ponto de vista médico, os avanços e retrocessos mesclam-se no percurso que estamos aqui perseguindo, com especial ênfase nos segundos, que se configuram em abordagens "alarmistas". Com efeito, sob essa égide estão as quatro primeiras décadas do século XX, graças à "colaboração" de profissionais como Tredgold (em 1909), Fernal (em 1912), Goddard (também em 1912), Pintner (em 1933) e outros.

Seus discursos apontam para os riscos sociais advindos das pessoas com deficiência, propugnando medidas radicais de esterilização e segregação. Apenas para ilustrar, reproduzo um trecho de conferência de Fernal, que, de acordo com Perron (1976), girou sobre "o fardo da deficiência mental, sinônimo de impotência e uma das maiores fontes da miséria e da degradação humana" (p. 71): "constituem uma classe parasita, rapace, completamente incapaz de se bastar e de tratar dos seus próprios assuntos. A sua grande maioria vem a tornar-se, de uma maneira ou de outra, num encargo público" (Pessotti, 1984, p. 186). Vale assinalar, porém, que Pessotti nos adverte que Fernal, quinze anos depois, retrata-se publicamente das afirmações feitas em 1912.

Continuando nossa incursão, ouçamos a voz de Goddard, em 1912, e a de Pintner, em 1933:

> *Quanto ao tratamento a aplicar-lhe, a segregação em colônias parece, no estado de conhecimentos actuais, um método ideal e perfeitamente satisfatório. (Perron, 1976, pp. 70-71)*
>
> *os cuidados e a vigilância aplicáveis aos deficientes mentais são a educação, a segregação e a esterilização. (Perron, 1976, p. 71)*

Todos os grifos são meus e falam por si mesmos.

Mas para que não paire excessivamente um "ar pessimista" sobre estas páginas, devo acrescentar que a segunda metade do século XX trouxe consigo (e muito pelas mãos de profissionais ligados à educação, mas com formação em medicina, como Maria Montessori) visões menos preconceituosas da deficiência e de seus portadores. O que não quer dizer que não estejamos vivendo momentos de oscilação entre diferentes posturas – ora organicista, ora interacionista, ora holística – por parte dos diferentes segmentos profissionais ligados ao tema.

Um outro aspecto a assimilar é o de que, também historicamente, foi reservado, com frequência, à pessoa com deficiência o lugar da humilhação, do ridículo – desde o "bobo da corte" aos personagens exibidos em parques de diversão (e nas academias científicas, por que não dizer?), no famoso *side show*, de que é exemplo o caso verídico de John Merith, o "Homem Elefante", que pode ser recuperado pela peça teatral e filme homônimos.

Ou, em alguns momentos, como na França sob Napoleão, esse lugar foi o de "para-raios" em relação à cólera divina, pois entendia-se que a utilidade do deficiente, cristalizando sobre si essa ira, era a de impedir que esta última recaísse sobre seus conterrâneos.

Perron (1976) sintetiza o que ele chama de "evolução histórica das atitudes" (p. 61) frente à deficiência num quadro de referência distribuído em quatro grandes períodos: inexistência, até 1800, do problema no âmbito científico; daí até 1870 o surgimento, em clima "romântico", das primeiras experiências terapêuticas e educativas; de 1870 a 1930/1940 existência de um certo "reinado" de receio e rejeição; e, finalmente, a partir da Segunda Guerra Mundial o movimento no sentido de firmar posições realistas e otimistas.

Em síntese, pode-se dizer que, "oficialmente", da marginalização passou-se ao assistencialismo e deste para a educação, reabilitação e integração social, como nos lembra Mazzotta (1989). "Extraoficialmente" isso não ocorreu, e nem ocorre, de forma linear. O fato é que continuamos a ver diferentes posturas "convivendo" entre si e direcionando práticas e políticas públicas.

E aqui dou por encerrada esta pequena incursão pelo palco, e pelos bastidores, das conceituações e significações da diferença/deficiência – em seus históricos e acidentados percursos. Nela vimos como a "Hidra de Lerna" configurou-se de muitas formas e como as suas muitas cabeças acompanharam e construíram essa fatia da história da humanidade.

Pensando nos trunfos apontados no início do capítulo ou, melhor dizendo, na "bagagem cultural", representada pela apropriação de Hércules do poder da Hidra de Lerna, trago na sequência alguns pontos básicos, de referência, sobre as propostas mais atuais na discussão conceitual do fenômeno diferença/deficiência, visto exatamente sob a ótica da diversidade, conforme pensado no capítulo primeiro, quando falamos de desvio.

3. O Javali de Erimanto
Ainda a deficiência: uma discussão conceitual[1]

O terceiro trabalho lança Hércules contra o Javali de Erimanto, animal monstruoso, de porte gigantesco, que espalha terror entre os homens e destrói suas plantações. Nessa façanha o herói inicia a sua jornada rumo à sabedoria, em detrimento do uso da força: em vez de atacar a fera, Hércules, aos gritos, vai chamando sua atenção enquanto recua paulatina, mas constantemente. O imenso animal, caminhando pesadamente no chão coberto de neve, com sua enorme estatura, é fatigado até o limite e acaba por tombar extenuado, sendo então dominado com facilidade pelo herói e levado a Micenas. Um detalhe interessante nesse episódio da saga de Hércules refere-se à reação do rei Euristeu: ao ver chegar o monstro, mesmo subjugado, esconde-se dentro de um enorme vaso e chora de medo.

Como veremos mais detidamente no Capítulo 7, diante da deficiência há uma hegemonia do emocional. Por ora, vale salientar que nesse episódio da saga de Hércules essa hegemonia é perceptível no terror ante o monstruoso, concretizado no gigantesco e cruel Javali de Erimanto, bem como no medo avassalador que toma conta do rei ao ver a fera, mesmo que subjugada, levando-o a esconder-se dentro do enorme vaso.

---

1 As ideias aqui desenvolvidas incluem reflexões atuais, bem como fragmentos da minha tese de doutorado, especialmente do subitem 3 da "Introdução" (Amaral, 1992a, pp. 23-39), especialmente do tópico "Era uma vez" (pp. V-XI).

Além disso, como vimos no capítulo anterior, essa abordagem da deficiência muitas vezes impediu sua compreensão com "mais sabedoria". E aqui a luta contra o Javali de Erimanto pode ser pensada numa vertente a isso remetida. Por um lado, pela própria substituição, por Hércules, da força pela sabedoria; por outro, porque o javali, ao ser subjugado (simbolizando o poder espiritual), leva o herói a um patamar mais alto em sua própria trajetória.

É interessante, ainda, assinalar o uso do próprio gigantismo do monstruoso animal como forma de enfrentamento: de ameaça a estratégia para subjugação.

E aqui, mais uma vez, abandono o terreno da analogia e volto ao tema proposto no título do presente capítulo: uma discussão conceitual do fenômeno deficiência.

Escolhi encaminhar essa discussão elegendo dois eixos de reflexão: um referido às denominações (às palavras propriamente ditas) e o outro às conceituações referentes a cada termo.

Em ambos existem inúmeros ângulos a explorar e inúmeros pontos a ponderar. E, embora pudesse ser bastante frutífera uma discussão mais exaustiva, penso que maior aprofundamento talvez fuja ao âmbito e finalidades do momento. Limito-me, portanto, neste contexto, a assinalar dois dos pontos que me parecem fundamentais.

A escolha das palavras

O primeiro refere-se à dificuldade da escolha das palavras que traduziriam mais fielmente o espírito do trabalho (arduamente) desenvolvido pela Organização Mundial de Saúde (OMS; em inglês, World Health Organization – WHO) a partir de 1972 e "finalizado" em 1976.

Em maio do ano de 1976, por ocasião da 29a Assembleia Mundial de Saúde, é adotada a Resolução WHA29.35, que aprova a publicação, a título experimental, da classificação adicional de deficiências como suplemento e não como parte integrante da Classificação Internacional das Doenças (CID).

Em 1980 é publicada a versão oficial, em inglês, da *International classification of impairments, disabilities and handicaps: a manual of classification relating to the consequences of disease* (WHO, 1980, grifos meus). Ainda em 1980, documento oficial da Rehabilitation International para a Unicef ratifica, em âmbito mundial, a nomenclatura indicada pela OMS (Unicef, 1980). Esse trabalho da OMS converteu-se, internacionalmente, numa "bíblia" para todos os envolvidos com a temática em pauta.

Não entro aqui (como outros – sérios e respeitados – pesquisadores fizeram) no questionamento da utilização do inglês como língua de referência, pontuando uma hegemonia norte-americana. Sigo antes o atalho da dificuldade de uma escolha, em português, das palavras mais adequadas, pois desde o início de minhas leituras sobre o tema venho "esbarrando" nela.

Ou seja, nas produções de diferentes autores tenho encontrado um verdadeiro caleidoscópio: *impairment* como impedimento, como deficiência, como incapacidade; *disability* como deficiência, incapacidade; *handicap* como incapacidade, invalidez, desvantagem... E mais: quando uma das palavras em português está numa dada posição, as outras "movimentam-se" nesse pseudocaleidoscópio. Acrescente-se a isso a constatação de que obras editadas no Brasil ou em Portugal apresentavam (e continuam apresentando) também escolhas diferentes de termos.

A título de curiosidade, menciono o fato de que, nas versões em língua espanhola e francesa, fenômenos extremamente semelhantes ocorreram. Em francês, por exemplo, na atualidade, *handicap* tornou-se um neologismo (ou anglicismo?): *handicapée* é amplamente utilizado, tanto como palavra da linguagem coloquial como termo de um ramo do conhecimento, conforme vivenciei na condição de pessoa "*handicapée*" e confirmei por inúmeras leituras.

Mas voltando às minhas próprias dificuldades: nessa semi-Babel, acabei por escolher, para construções e elaborações teóricas e para divulgação de ideias, aquelas palavras que me pareceram mais pertinentes por refletirem com maior propriedade (em minha concepção) os conceitos a que se remetiam: *impairment* = impedimento, *disability* = deficiência e *handicap* = incapacidade. Esses serão os termos que o leitor de vários de meus textos anteriores encontrará.

Aconteceu, todavia, que em 1991, em viagem a Portugal, entrei em contato com a tradução "oficial" para o português do manual em questão (SNR, 1989), tradução essa fruto de exaustivo e cuidadoso trabalho de um grupo de especialistas, dos quais, inclusive, fez parte o Prof. Dr. Ruy Laurenti, da Faculdade de Saúde Pública da USP.

Assim é que, embora relativamente "insatisfeita" (mas engajando-me na tentativa de simplificar aspectos que podem ser entendidos - em certos contextos - como supérfluos, para explorar aqueles que podem ser entendidos como primordiais), passei, a partir desse momento, a utilizar os termos referendados pela citada tradução: *impairment* = deficiência; *disability* = incapacidade e *handicap* = desvantagem.

Ainda em relação à terminologia, um último - e importante - aspecto a assinalar: há vários anos vem sendo introduzido - em contraposição às "etiquetas" de deficiente, incapacitado etc. - o uso das expressões "pessoas portadoras de" e "pessoas com" (desta última sou ardorosa defensora).

A gênese e a relevância da eleição prendem-se a vários fatores que talvez não seja pertinente aprofundar, mas que, entre outras coisas, remetem-se ao que Sadao Omote (1987) chama de mudança necessária de tendência: de uma perspectiva direta para uma metaperspectiva (num movimento reativo) pois, como diz ele, usualmente os discursos acerca da deficiência não são retratos dela, mas retratos de como ela é interpretada por meio de parâmetros ideológicos.

Abstendo-me de aprofundar a questão, limito-me, portanto, a pontuar algumas das "vantagens" daquelas expressões corroboradas por incontáveis defensores - dentre os quais me incluo:

- a forma verbal acentua o aspecto dinâmico da situação;
- desloca o eixo de atributo do indivíduo para sua condição e, simultaneamente, recupera a pessoa como "sujeito da frase";
- coloca a deficiência não como sinônimo da pessoa (como ocorre ao tornar substantivo aquilo que é qualificativo);

- em consequência, tem um caráter mais descritivo que valorativo;
- sublinha a unicidade do indivíduo...

Deveria passar agora ao segundo dos pontos levantados como de assinalamento importante: o referido às conceituações propriamente ditas, mas talvez tenha que, antes disso, clarificar melhor a relação doença-deficiência, o que tentarei fazer sinteticamente.

Relação doença-deficiência

A um estado de "normalidade" corporal, de saúde, corresponde, em termos médicos, um estado pré-patogênico. Uma vez instalada a patologia (quer seja decorrente de doença propriamente dita, de alteração genética, de acidente etc.) três são os caminhos possíveis: morte, cura (e então a volta ao estado de saúde) ou a instalação de sequelas. Portanto alterações corporais, codefinidoras de deficiência física e sensorial e, às vezes de deficiência mental, não são mais doenças necessariamente, embora mantenham com as doenças vários pontos de tangenciamento: recursos disponíveis, atendimento profissional e – em especial – atitudes sociais frente a elas. A isso voltarei em capítulos posteriores.

Antes de passar às definições propostas, reproduzo ainda um trecho do citado documento:

> *Para medir as consequências da doença é necessário avaliar o estado de quem está afectado. Mas qualquer tentativa de clarificação, neste domínio, pode suscitar protestos dos que receiam que a atribuição de categorias e de designações provoque o aparecimento de estigmas. Na verdade, esta atitude nega toda a possibilidade de uma tentativa coerente de alterar a situação atual. Enquanto não for possível identificar as categorias, não se pode saber qual a importância e ordem de grandeza dos problemas, nem adequar os recursos necessários à solução desses problemas. (SNR, 1989)*

O grifo é meu, pois, embora sempre cautelosa em relação a categorizações, algumas vezes não há "como" nem "por que" não lançar mão delas para melhor (e às vezes provisória) compreensão de qualquer questão ou problema que se coloque.

Passo agora, de forma sinóptica, a reproduzir as definições de cada um dos elementos nomeados e as suas características.

Quadro 3.1 Deficiência, incapacidade e desvantagem: definições e características.

DEFICIÊNCIA
Definição Deficiências são relativas a toda alteração do corpo ou aparência física, de um órgão ou de uma função, qualquer que seja sua causa; em princípio, significam perturbações ao nível de órgão. **Características** A deficiência caracteriza-se por perdas ou alterações que podem ser temporárias ou permanentes e que incluem a existência ou ocorrência de uma anomalia, defeito ou perda de um membro, órgão, tecido ou outra estrutura do corpo, incluindo a função mental. A deficiência representa a exteriorização de um estado patológico e, em princípio, reflete perturbações ao nível de órgão.
INCAPACIDADE
Definição Incapacidades refletem as consequências das deficiências em termos de desempenho e atividade funcional do indivíduo; as incapacidades representam perturbações ao nível da própria pessoa. **Características** A incapacidade caracteriza-se por excesso ou insuficiências no comportamento ou no desempenho de uma atividade que se tem por comum ou normal. Podem ser temporárias ou permanentes, reversíveis ou irreversíveis e progressivas ou regressivas.

Podem surgir como consequência direta da deficiência ou como resposta do indivíduo – sobretudo psicológica – a deficiências físicas, sensitivas ou outras. Representa a objetivação de uma deficiência e, como tal, reflete perturbações ao nível da pessoa. A incapacidade concerne às capacidades que, sob a forma de atividades e comportamentos compostos, são geralmente consideradas componentes essenciais da vida cotidiana. Sãoexemplos as perturbações no adequado comportamento, no cuidado pessoal (como o controle dos esfíncteres e a capacidade de se lavar e alimentar), no desempenho de outras atividades da vida diária e nas atividades da locomoção (como a capacidade de andar).

DESVANTAGEM

Definição

Desvantagens dizem respeito aos prejuízos que o indivíduo experimenta devido à sua deficiência e incapacidade; refletem, pois, a adaptação do indivíduo e a interação dele com o meio.

Características

A desvantagem (*handicap*) refere-se ao valor dado à situação ou à experiência doindivíduo, quando aquele se afasta da norma. Este valor caracteriza-se pela discrepância entre a atuação, o estatuto, ou as aspirações do indivíduo e as expectativas que dele, ou de um determinado grupo a que pertence, existem. Assim, a desvantagem representa a expressão social de uma deficiência ou incapacidade, e, como tal, reflete as consequências – culturais, sociais, econômicas e ambientais – que, para o indivíduo, derivam da existência da deficiência ou da incapacidade. Provêm da falha ou impossibilidade em satisfazer as expectativas ou normas do universo em que o indivíduo vive.

Compartilhadas as definições, faz-se necessário explorar o encadeamento dos fenômenos:

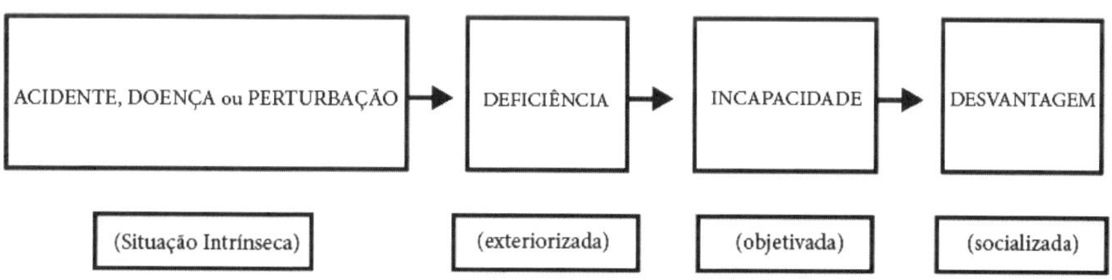

Figura 3.1 Encadeamento dos fenômenos.

Ou seja, algo ocorre com o indivíduo (de forma congênita ou adquirida) em função de uma cadeia de circunstâncias (etiologia), provocando alterações na estrutura ou funcionamento do corpo (patologia).

Essas alterações (manifestações), se evidentes, são exteriorizadas por anomalias na estrutura ou aparência, ou, ainda, no funcionamento de um órgão ou sistema (deficiência), alterando a capacidade de realização (incapacidade), o que pode colocar o indivíduo em situação de prejuízo (desvantagem), resultante de deficiência ou incapacidade, em relação a outros indivíduos de seu grupo.

Exatamente sobre esse encadeamento baseia-se o documento da OMS (SNR, 1989) que, como já mencionado, é – malgrado todas as objeções que possam ser feitas ao "modelo médico" – até segunda ordem, a "bíblia" da área ou, mais que isso, o único referencial de caráter internacional disponível e que, sobretudo, denota preocupação em extrapolar os limites meramente biológicos, sejam eles anatômicos, fisiológicos ou patológicos.

Dizem os autores do documento, referindo-se ao encadeamento acima, que, embora este sugira ao longo de toda sua sequência uma simples progressão linear, a situação é, de fato, mais complexa.

Com efeito, a desvantagem (*handicap*) pode resultar da deficiência (*impairment*) sem passar pelo estado de incapacidade (*disability*), por exemplo, uma deficiência estética que pode interferir nos hábitos e interações sociais, constituindo-se, então, numa desvantagem.

É também possível haver deficiência sem que haja incapacidade, como a criança com diabetes ou hemofilia (*impairment*) que, recebendo o atendimento necessário, não tenha restrições de atividades (*disability*). Por outro lado, essa mesma criança pode entrar em desvantagem (*handicap*) numa ida da "turma" ao Bob's.

É igualmente possível haver uma deficiência (*impairment*), com a consequente limitação (*disability*), sem que haja desvantagem (*handicap*) – já que esta liga-se mais aos fatores extrínsecos: condições socioculturais, econômicas, afetivas etc. Assim é que uma criança, por exemplo, com deficiência mental leve, numa comunidade rural, pode não entrar em situação de acentuada desvantagem em relação ao seu grupo de referência.

De minha parte, exploro agora (mesmo que não exaustivamente) os três conceitos introduzidos no documento aqui compartilhado – e que já foi alvo de anteriores publicações (Amaral, 1989a; 1992a; 1994b), mas que sinto ser imprescindível retomar.

Em relação ao primeiro deles, o de deficiência, pode-se dizer que uma palavra-chave para sua compreensão ótima é dano (também anormalidade), pois afirma uma concretude, um fato inquestionável, uma realidade. É o olho lesado, a medula seccionada, as células cerebrais destruídas, a atrofia de membros, a degeneração de um sistema, a inexistência de partes do corpo...

O segundo, denominado de incapacidade, tem como locução-chave restrição na execução, pois afirma também uma concretude, uma realidade. A diferença está no dinamismo dessa concretude, dessa realidade: é o não ver, o não andar, o não manipular, o não ouvir, o não falar...

No terceiro dos conceitos, o de desvantagem, sublinha-se o desempenho de uma função, e a ideia-chave está contida na própria palavra desvantagem. Ora bem, só se está em desvantagem em relação a alguma coisa, algum fato, alguma pessoa. É, portanto, um conceito relativo (ou passível de relativização), pois profundamente ligado aos valores, normas e padrões do grupo no qual a pessoa portadora de deficiência está inserida.

Deficiência primária e secundária

Pensando-se a deficiência *lato sensu*, os critérios iniciais têm sido alvo de formulações teóricas – formulações essas que já tentei sintetizar nas publicações há pouco mencionadas.

Podemos abrir mão de quaisquer outras fontes conceituais (dizia eu nesses textos) e, baseando-nos tão somente nessa sugestão de nomenclatura, afirmar que, por se configurarem duas esferas distintas de abordagem – por assentamento em padrões mais absolutos e mais relativos –, tornou-se conveniente o aprofundamento da questão distribuindo-se os conceitos iniciais em dois "novos" conceitos: "deficiência primária" e "deficiência secundária".

Entendi – como entendo ainda – que o conceito de **deficiência primária** engloba a deficiência (dano ou anormalidade de estrutura ou função) e a incapacidade (restrição/perda de atividade). Trata-se, portanto, de um elemento ou fenômeno que engloba os fatores intrínsecos, as limitações em si.

Deficiência secundária está referida ao conceito de desvantagem, bem como ao de invalidez (o primeiro ligando-se à ideia de desvantagem propriamente dita e o segundo à de impossibilidade drástica). Incidem sobre ela, basicamente, fatores extrínsecos.

Ou seja, deficiência secundária é aquela não inerente necessariamente à diferença em si, mas ligada à leitura social que dela é feita. Incluem-se aqui as significações afetivas, emocionais, intelectuais e sociais que o grupo atribui a dada diferença.

Assim, é importante assinalar que a deficiência secundária, ligando-se à situação de desvantagem, está impregnada dos valores sociais existentes, os quais se remetem à própria organização institucional da sociedade. Por outro lado, a resposta social é também dependente de inúmeros fatores ligados a especificidades da própria deficiência: grau, tipo, visibilidade etc., como já exaustiva e competentemente explorado por Goffman (1982) em sua, antológica, obra *Estigma: notas sobre a manipulação da identidade deteriorada* e por Carolyn Vash (1988) em seu livro *Enfrentando a deficiência.*

Como se vê, a conceituação objetiva e universal só é possível para a deficiência primária, sendo a deficiência secundária passível de leituras específicas, em função do binômio espaço-tempo. E, mais que isso: mesmo que irreversíveis e não compensáveis, as limitações ligadas à deficiência primária – segundo vários autores – por si só não impedem realmente o desenvolvimento e a vida plena, considerando-se apenas forma e ritmo específicos.

Inversamente, reconhece-se que a deficiência secundária pode impedir esse desenvolvimento e essa vida plena, ao aprisionar a pessoa numa rede que poucas vezes tem a ver, intrinsecamente, com a deficiência – a rede constituída e constitutiva das barreiras atitudinais: preconceitos, estereótipos e estigma (conceitos que serão discutidos no Capítulo 7).

Escolha de palavras, definições, características, desdobramento conceitual... Estas foram as "estratégias para subjugar o Javali de Erimanto", para contribuir para um saber sobre a deficiência, que encaminhe a uma leitura mais complexa e, simultaneamente, mais descomplicada do fenômeno.

4. A Corça Cerinita
Impacto familiar: o reinado da ambivalência[1]

O quarto trabalho reserva a Hércules a tarefa de capturar a Corça Cerinita: cerva com pés de bronze, chifres de ouro, tamanho gigantesco e extrema delicadeza em todos os gestos. O animal é intocável por pertencer a Diana e, por essa razão, caçador nenhum ousa persegui-la, pois, trazendo a marca do sagrado, não pode ser morta. Além disso, dada a impossibilidade de defesa da cerva, há, consequentemente, a atualização ou a exacerbação dos remorsos de Hércules – finalidade última da manobra-tarefa idealizada por Hera.

Inicio pela ambivalência, no "jogo" analógico proposto, pois tal ambivalência está muito presente em quase todos os aspectos passíveis do escudo da deficiência, quer nos âmbitos individuais quer nos coletivos. São exemplos força e fragilidade, sagrado e profano... ambivalência concretizada na própria Corça Cerinita.

Senão vejamos: com o enorme peso de um touro e rapidíssima; de tamanho gigantesco e delicadeza nos movimentos. Além disso, o bronze dos pés reflete também ambivalência, pois, como nos ensina Brandão (1989, pp. 100-101) é um

1 As ideias aqui desenvolvidas incluem reflexões atuais bem como fragmentos da minha tese de doutorado, especialmente do subitem 1 da "Introdução" (Amaral, 1992a, pp. 40-57).

metal "sagrado" (que isola do mundo prosaico) e "pesado" (pois prende e escraviza à terra).

Podemos dizer que o impacto da deficiência na família reveste-se de tonalidade muito semelhante, uma vez que os sentimentos gerados pela sua ocorrência oscilam entre polaridades muito forte: amor e ódio, alegria e sofrimento; uma vez que as reações concomitantes oscilam entre aceitação e rejeição, euforia e depressão – para citar o que ocorre com maior frequência.

Mas é preciso discutir um pouco mais o impacto da deficiência na constelação familiar, para que as afirmações antecedentes sejam mais compreensíveis e façam mais sentido.

Sem, obviamente, esgotar o tema, gostaria de tecer algumas considerações baseadas em pesquisas e formulações teóricas de vários estudiosos. Para isso, inicio discutindo um pouco os conceitos de crise e de situação crítica.

Situação crítica e crise

O conceito de crise tem sido difundido, em geral, nos moldes do entendimento de Lindemann, um pioneiro estudioso da temática:

> *O termo crise se reserva para a perturbação aguda e frequentemente longa que pode ocorrer em um indivíduo ou meio social, como resultado de uma situação emocionalmente incerta . . . devida a qualquer alteração repentina no campo das forças sociais nas quais existe o indivíduo, alteração tal que as expectativas dele em relação a si mesmo e aos outros sofram alterações. (Lindemann, 1944)*

Todavia, algumas visões alternativas têm sido formuladas, dentre as quais endosso a de Carmen Lent, pois traz uma distinção que me parece fundamental. Para essa autora, a perturbação descrita por Lindemann é uma "situação crítica", claramente diferençável da "crise", pois nesta última há a existência de um fator fundamental: o fracasso para superar a ambiguidade (Lent, s.d.).

Assim, ambos – fracasso e ambiguidade – seriam os componentes essenciais na configuração da crise. Ou seja, partindo-se do pressuposto de que toda situação nova, desconhecida, traz em seu bojo a ambiguidade, pode-se afirmar que é o fracasso em superá-la que irá configurar a passagem da situação crítica para a crise propriamente dita. Esse fracasso na superação da ambiguidade pode se dar tanto pela impossibilidade de organizar-se frente a dada situação nova como pela impossibilidade de modificar ou desestruturar uma situação antiga, agora revestida de novas características.

Por outro lado, nesse referencial teórico, as situações críticas percorrem três possíveis caminhos:

- podem não resultar em crise, mas, pelo contrário, acarretar o crescimento, na medida em que se caracterizam como reorganização e reaprendizagem;
- podem encaminhar-se para a formação de uma crise larvada (algo que não eclodiu, mas existe de forma encoberta), quando as adaptações são feitas rigidamente e as tentativas de restruturação, embora não tendo êxito, não chegam a configurar um patente fracasso;
- podem desembocar na crise propriamente dita, na desorganização psíquica – a qual, para ser enfrentada, necessitará da "coragem vital" em aceitar o fracasso e denunciar a dificuldade. Implica, em outras palavras, na esperança de encontrar a transformação necessária.

A partir dessa diferenciação, gostaria de introduzir – também de forma muito sintética – outra distinção apontada por essa e outros autores, como Moffatt (1982) e Caplan (1980): situações críticas previsíveis e imprevisíveis. Vale esclarecer que, embora estes últimos dois estudiosos usem diferentes terminologias entre si, farei uma leitura convergente de suas colocações, inclusive no que se refere à distinção básica aqui apontada.

Assim, as situações críticas previsíveis são aquelas ligadas a situações ou acontecimentos de caráter evolutivo, ou seja, ligadas ao processo vital de desenvolvimento do ser humano e aos papéis sociais dele esperados, com as peculiaridades inerentes ao contexto sociocultural em que esteja inserido. Em nosso contexto, são elas: parto, desmame, escolarização, passagem de um grau escolar a outro, puberdade/adolescência, emprego, separação da família-exogamia, maternidade/paternidade, climatério, aposentadoria, velhice e morte. Vemos, portanto, que muitas delas referem-se a novas inserções ou responsabilidades sociais ou ocupacionais.

As situações críticas imprevisíveis (ou, para Moffatt, traumáticas) são, via de regra, consequentes a um acidente ou situação inesperada, desde doenças até migração, passando por inúmeras possibilidades "oferecidas" pela vida em sociedade. São também lastreadas em fatos concretos ou simbólicos, atuais ou virtuais.

Enfatizando a ideia totalizadora de situação (Fiorini, 1978), que nos possibilita trabalhar com a convergência de múltiplos aspectos (ansiedades, conflitos, fixações, modalidades de emissão/manipulação de mensagens, alianças, qualificações/desqualificações, papéis, mitos, tarefas grupais), reintroduzo a questão da deficiência como situação crítica em suas interfaces com a previsibilidade e imprevisibilidade.

No caso de deficiência congênita ou precoce de um filho, esse é, obviamente, um acontecimento traumático e imprevisível do ponto de vista dos pais. Nesse mesmo caso, do ponto de vista do filho, situações críticas previsíveis podem ser aprioristicamente pensadas como agravadas, dependendo do quadro, no que se refere a desenvolvimento físico, psíquico ou social. Ou, dito com outras palavras, as situações críticas previsíveis para todos os indivíduos, em dado contexto, estarão eventualmente acrescidas das dificuldades inerentes à deficiência, por exemplo: o ingresso à escola, a adolescência com sua busca de parceria afetiva, o exercício da sexualidade, a escolha e o encaminhamento profissional, o casamento, a velhice...

Já no caso de uma deficiência adquirida, seja por doença ou acidente, o caráter de imprevisibilidade é comum ao indivíduo e à sua família.

Mas, seja como for, as perturbações que ocorrem no indivíduo ou grupo, imerso em uma situação crítica, estarão, no dizer de Caplan (1980), usualmente associadas a sentimentos subjacentes de desconforto, como angústia, medo, culpa e vergonha, sentimentos esses (vale sempre assinalar) baseados em fantasias ou na realidade.

Luto

Um outro aspecto a explorar, na analogia com a tarefa da captura da Corça Cerinita, remete-se à questão da atualização ou exacerbação dos remorsos de Hércules – finalidade última da manobra-tarefa idealizada por Hera –, pois há uma literal impossibilidade de autodefesa por parte da cerva perseguida.

Abrindo mão da linearidade da comparação, ou seja, mudando o foco da problemática do remorso para a do "luto materno/paterno", podemos desenvolver algumas ideias importantes.

Voltando, pois, à especificidade da deficiência, lembro que muitos têm sido os autores que discutem o impacto dessa ocorrência (ou de uma doença crônica ou fatal) nas famílias. Dentre as inúmeras colocações desses inúmeros autores, é de se salientar a questão do "luto" familiar.

Com efeito, como apontam os estudos e as reflexões, diante do nascimento de uma criança com deficiência (ou a precoce ocorrência disso), o estado psíquico vivido pela família é de perda, de morte mesmo. "Morte" do filho desejado e idealizado. Assim, para que se torne possível receber o filho real faz-se, então, necessário viver o processo de luto daquele filho "perdido".

Contingências individuais e interindividuais (como a própria dinâmica familiar) definem, de alguma forma, a maneira e o tempo de elaboração desse luto, bem como o conjunto de reações a isso relacionado.

Dentre essas contingências pode-se assinalar, com Omote (1980), que o impacto familiar depende especialmente de seis variáveis: a história anterior da família e seus dinamismos; o sentido por ela atribuído à deficiência em pauta; o grau de comprometimento no caso de seu filho; a forma como lhe foi transmitida a notícia; o nível socioeconômico familiar e as expectativas em relação à prole e/ou em relação a esse filho em particular.

Diferentes autores discutem um "ciclo de adaptação" dos pais após a constatação da deficiência. Nele são, em geral, incluídos: choque e/ou despersonalização (pensamento "irracional", confusão de identidade, desejo de fugir...); expressão contraditória de sentimentos (dor, raiva, pena, frustração, tristeza...); negação da realidade (minimização, busca de "cura" - que Gauderer chama de "*doctor shopping*"...); raiva (ódio de si mesmos, do cônjuge, da criança, dos médicos); tristeza (choro, inapetência, depressão...); reequilíbrio (crescente confiança na própria capacidade de cuidar da criança, estabelecimento de vínculo, desenvolvimento da maternagem...); reorganização psíquica (assumir a problemática, "livrando-se" da culpabilização...).

Àqueles que desejarem estudar melhor essas questões sugiro a leitura de textos a isso remetidos, nos quais poderão encontrar maior aprofundamento e reflexões mais sistematizadas, desde Berg e Way (1969) até Viana (1994), passando por Drotar (1975), Poeschel e Murphy (1976), Omote (1980), Ramos (1985), Silva (1988; 1990), Becker (1989), Projeto Momento da Notícia, da Apae (1990), Regen (1993), Izarra (s.d.), apenas para citar algumas dentre tantas outras fontes disponíveis.

Atualização do luto

Voltando à nossa analogia, podemos dizer que a atualização do remorso de Hércules corresponderia à atualização do sentimento de perda e consequente vivência do processo de luto da família.

Ou seja, a cada momento significativo do processo de desenvolvimento do filho, ou a cada uma das situações críticas previsíveis, corresponderá sempre, em maior ou menor grau, um certo nível de sofrimento psicológico e de elaboração do luto: a aquisição da linguagem, a autonomia motora, a entrada na escola, a adolescência, o casamento e assim por diante.

Um outro aspecto a discutir, ainda na analogia proposta, é o referido à tenacidade e à persistência de Hércules para cumprir sua tarefa de aprisionar a Corça Cerinita: "um ano inteiro".

Com efeito, tenacidade é, sem dúvida, "requisito" familiar para o enfrentamento (para usar expressão de Carolyn Vash) da deficiência. Por quê? Porque, além das contingências acima expostas, é usual (embora não compulsória) a necessidade de investimento constante e diferenciado, quer de caráter afetivo, de dispêndio de tempo ou de ordem econômica.

Dentre outros fatores merecem ser mencionados: a possibilidade de ruptura do cotidiano por eventuais internações hospitalares, prolongadas, da criança; o desgaste no próprio cotidiano; a presença de múltiplas peculiaridades decorrentes, algumas vezes, de determinados tipos e graus de deficiência: comportamentos bizarros, não responsividade, distúrbios de sono e alimentação. Ou, ainda, questões como o relacionamento conflitivo com os irmãos; problemas de férias e fins de semana; dificuldades econômicas...

Ainda no que concerne à tenacidade, vale também uma referência ao acidentado percurso, tantas e tantas vezes, trilhado pela família na busca de tratamentos, de formas de atendimento ou de intervenção técnica.

Confronto com a "autoridade"

E aqui uma outra analogia "pede" para ser feita. Refiro-me ao confronto de Hércules com a autoridade, uma vez que a Corça Cerinita é intocável, pois pertence a Diana. Por essa razão, caçador nenhum ousa persegui-la: trazendo a marca do sagrado não pode ser morta.

Com efeito, e infelizmente com mais frequência do que (eu particularmente) desejaria constatar, é perceptível o confronto da família com profissionais que, em nome de sua "autoridade", de seu "discurso competente", arvoram-se em "proprietários" da deficiência e, a partir desse equivocado pressuposto, direcionam a seu bel-prazer o rumo das intervenções e até mesmo (em casos extremos) o rumo da dinâmica familiar.

Mas, para ser fiel à realidade, é preciso assinalar que o inverso também ocorre, quando então os pais (ou a família em geral) arvora-se desse mesmo poder de proprietário.

Em ambos os casos, assim como sucedeu à Corça Cerinita, a grande vítima será a criança (ou o adolescente, ou o jovem, ou o adulto, ou o idoso!) que, "coisificada", oscilará, nesse duelo de titãs, entre um e outro poder. Penso, porém, em desenvolver um pouco mais essa possibilidade de "desumanização" quando estiver abordando outros aspectos, como a questão do estigma.

Para finalizar, e voltando à corrente associativa entre a captura da Corça Cerinita e a problemática do impacto familiar e seu gerenciamento, desejo trazer um aspecto dessa tarefa de Hércules que ainda não foi compartilhado.

Um dos estudiosos da mitologia, Junito Brandão (1989), nos conta que Píndaro, poeta tebano, em sua obra *Olímpicas*, interpreta o episódio da perseguição à corça como "uma antecipação da única tarefa realmente importante do herói, sua libertação interior"; e que o fato de ter "chegado ao norte, ao céu eternamente azul dos 'Hiperbóreos', configura a busca da sabedoria" (pp. 100-101).

Digamos que chegar ao "Norte", à sabedoria, pode significar para a família impactada pela deficiência o encontro de suas particulares (e no mais das vezes legítimas) formas de "sabedoria": poder apropriar-se de seu saber e de seu saber-fazer, libertando-se quer do jugo de sua própria melancolia – uma libertação interior –, quer do jugo da autoridade externa, algumas vezes tão espúria como a de Euristeu.

Todavia, para que não paire a sombria ideia de que todos os profissionais são essa autoridade "euristeia", desejo reafirmar minha confiança na existência de muitos e muitos outros, estes sim utilizando sua competência a serviço de seus interlocutores, ou seu "poder de potência" e não seu "poder de domínio", como aprendi com Lazzarini, lúcido e crítico terapeuta argentino.

Aliás, se essa crença não lastreasse meu pensamento, provavelmente nunca teria iniciado este livro!

Digressões à parte, é preciso retomar o caminho proposto e assim vamos, juntos, seguir em busca do subsequente "trabalho de Hércules" e tentar, mais uma vez, encontrar possíveis articulações entre suas aventuras e a temática da deficiência. Desta vez é, num certo sentido, a própria pessoa com deficiência que nos espera na próxima tarefa.

5. As Aves do Lago Estínfalo
Aceitação ativa: o acolhimento da deficiência[1]

Em seu quinto trabalho, Hércules deve enfrentar as gigantescas Aves do Lago Estínfalo, as quais, fugindo dos lobos que as ameaçam, migram para a região do lago e ali se multiplicam. Constituem agora multidão faminta, espalhando o terror, assolando os campos, devorando os frutos e dizimando os trigais, matando homens com suas penas de aço. Hércules usa a astúcia para destruí-las, pois, utilizando castanholas de bronze para provocar um assustador ruído, consegue atraí-las para fora do bosque onde se refugiam. Suas silhuetas desenhadas contra o azul do céu passam a ser alvo fácil para as setas do herói, embebidas no veneno da Hidra de Lerna.

Com ajuda dos estudiosos, exploro a simbologia das Aves do Lago Estínfalo. Rapidamente percebo que as pistas fornecidas levam a algumas ideias bastante interessantes. A primeira é a associação das aves com conteúdos inconscientes (desejos múltiplos e "perversos", no dizer de Junito Brandão). São por si só instigantes essas aves/conteúdos-inconscientes que, amedrontadas pela ameaça de um perigo externo (os lobos), migram para os lagos, escondendo-se em escuro bosque (o próprio inconsciente), onde se multiplicam.

1 Os conteúdos dos Capítulos 4 e 5 incluem tópicos de anotações para aulas, os quais, no decorrer dos anos, foram de tal forma por mim incorporados que algumas vezes torna-se impossível a remissão a fontes originais.

É possível, a partir daí, pensar em várias correlações, sendo a que parece mais óbvia a do "perigo externo" (no episódio projetado nos lobos) e que, em nossa associação, pode ser pensada como projetada nos diversos coadjuvantes das relações da criança deficiente (ou melhor dizendo, da pessoa) com o mundo externo.

De fato, e os vínculos iniciais não são sólidos ou sequer existentes – como vimos no capítulo anterior –, é plausível pensar que a construção da identidade fique marcada por essa ameaça difusa. As demais perdas (reais ou virtuais) e seus respectivos desejos eventualmente insatisfeitos, se mantidos na "escuridão" do inconsciente, tenderão a uma "perigosa proliferação".

Trazer à luz, para poder destruir esses antropófagos pássaros, é a segunda, e não menos óbvia, correlação. Ou seja, ter acesso e lidar com os conteúdos inconscientes ligados à deficiência pode ser a foma de eliminá-los em sua perniciosidade, especialmente porque é sua presença que ofusca o Sol, a claridade (a sabedoria).

Outro aspecto a explorar é o da região do lago como "estagnada" – e, portanto, impeditiva de desenvolvimento pleno de vida. Um quarto tema que poderia ser enfatizado é o da agressividade e violência das aves. Ou seja, não só obscurecem o sol como atacam, devoram os alimentos, ferem e matam os habitantes da região.

Finalmente, a destacar que o barulho ensurdecedor das castanholas de bronze (como já vimos, metal sagrado e profano) é o que as faz sair do abrigo das trevas para então, e só então, estarem visíveis para Hércules e, desenhadas contra o azul do céu, poderem ser atingidas pelas setas (símbolo de espiritualidade) certeiras e mortíferas, pois embebidas no veneno da Hidra de Lerna.

Intuo que o leitor terá me acompanhado, com tranquilidade, nesse voo de imaginação e já estará fazendo suas próprias analogias e correlações. Mesmo assim, ousarei classificar mais algumas.

Penso, por exemplo, que a inacessibilidade aos conteúdos inconscientes, ao sofrimento psicológico advindo de circunstâncias especiais ligadas à deficiência, é o grande empecilho para se chegar à "aceitação ativa" dessa condição.

Com efeito, como vimos anteriormente, deficiência implica sempre perda, e perda implica sofrimento: para a família e para a pessoa.

Mas o que é "aceitação ativa"? E, mais especificamente, o que é aceitação? Certamente não é acomodação, não é resignação, não é conformismo. É, no dizer de Carolyn Vash (1988), "acolher" a deficiência, integrá-la no cotidiano, no inesperado, na vida, enfim.

Esse acolhimento se dará desde que haja disponibilidade interna (veremos depois os fatores ligados à "disponibilidade" do meio) para equacionar limites e possibilidades, perdas e virtualidades. Enfim, para enfrentar os fantasmas internos – as "aves" do próprio "lago" – sejam eles "depositários" ou "representantes" de fracassos, de frustrações, de fragmentações do eu...

Uma vez experienciada a aceitação ativa, estarão abertas muitas brechas no horizonte, propiciando uma "oxigenação" das águas anteriormente estagnadas pela ausência da luz e do calor solar. Ou seja, num movimento dialético, abrem-se as brechas e por ela infiltram-se fontes de calor e luz, que abrirão novas brechas para outras fontes... Falo da possibilidade, uma vez incluída a deficiência na esfera da vida, de busca e vivência de relações afetivas e sociais, de busca e vivência de saberes e fazeres, de busca da não dependência e da autonomia possíveis.

Falo da mobilidade psicológica; falo da não passividade; falo da não hegemonia cristalizada de mecanismos de defesa (como a negação das perdas, dificuldades e limitações); falo da possibilidade de não se deixar submergir por sentimentos persecutórios, de ressentimento exacerbado, de depressão constante, de desvalorização própria.

Mas não falo de uma ideologia da "força de vontade". Ou seja, não me refiro a uma centralização dessas possibilidades num movimento de força de vontade, por parte da pessoa com deficiência. Refiro-me, isso sim, a uma longa, e muitas vezes penosa, construção conjunta. Para sua efetivação, em muito contribuirá a qualidade dos primeiros vínculos e das primeiras experiências. Assim como muito contribuirão os vínculos e experiências subsequentes.

Quanto aos primeiros, vale lembrar algumas das questões levantadas no capítulo anterior, especialmente se estivermos pensando em deficiência congênita ou precocemente adquirida.

Como vimos, os pais, ao "perderem" o filho desejado, podem, imersos em seu sofrimento e não elaborando o luto, estar impedidos de estabelecer um vínculo com o bebê real. Podem estabelecê-lo, por exemplo, com o bebê desejado e perdido, ficando, assim, prisioneiros da melancolia. Ou podem, paradoxalmente, estabelecer o vínculo com a deficiência e não com o filho deficiente, ou seja, suas relações estarão baseadas no fenômeno e não na criança, nas práticas terapêuticas e não nas necessidades humanas.

De ambas as possibilidades podem decorrer sérias consequências na formação da identidade da criança, na construção de sua autoimagem, no não estabelecimento de um sentimento de confiança em si e no mundo, na eleição e uso cristalizado de mecanismos de defesa...

Se, pelo contrário, os pais tiverem tido a oportunidade de entrar em profundo contato com suas Aves do Lago Estínfalo, especialmente com as perdas e, em consequência, elaborado o luto, terão condições – no exercício da maternagem/paternagem – de estabelecer sólidos vínculos e, assim, propiciar uma não menos sólida construção da identidade.

Essa identidade incluirá, então, necessariamente, a existência da deficiência, mas esta não precisará ser o eixo do existir da criança, do adolescente, do adulto. Essa inclusão planta, de forma irreversível, a semente da "aceitação ativa".

Insisto, todavia, que isso não se dará "espontaneamente", mas sim por uma construção paulatina e contínua, mediante a vivência dos sucessivos percalços e de suas superações, nas situações críticas que se encontram dispostas no trajeto do desenvolvimento da vida.

Já dizia Freud que o "homem normal é aquele que ama e trabalha". Digamos então que a "aceitação ativa" estará corporificada nas atividades relacionadas ao amor e ao trabalho em suas múltiplas facetas e modalidades (voltarei a isso); mas estará especialmente corporificada nos graus de independência psicológica para investir a energia psíquica de forma não egocêntrica.

Tento, agora, ampliar o universo das Aves do Lago de Estínfalo, fazendo-o englobar elementos ou fatores diferentes daqueles até aqui nomeados de inconscientes. Refiro-me a um outro conjunto de variáveis ligadas à deficiência, as quais irão, igualmente, configurar especificidades para cada uma das pessoas envolvidas. Ou seja, assinalar balizas que facilitem a apropriação do conhecimento e do dimensionamento da deficiência para uma dada pessoa, incluindo aquilo que chamei de limites e potencialidades, mas incluindo, também, outros aspectos adicionais. Para desenvolver as ideias que se seguem, me reportarei a mim mesma (Amaral, 1992c) e a Carolyn Vash (1988).

Mas, antes de prosseguir, um esclarecimento: nossas reflexões são de um grau quase inacreditável de concordância, embora estivéssemos debruçadas sobre nossas máquinas de escrever separadas por alguns anos e por milhares de quilômetros! De fato, meu artigo acima citado já estava concluído quando tive meu primeiro contato com a obra de Carolyn Vash. O prazer da confluência de ideias foi, e continua sendo, muito grande, razão pela qual não foi possível escapar da tentação de escrever esta digressão/esclarecimento. Isto posto, volto ao conhecimento e dimensionamento dos fatores circundantes à reação e ao manejo da deficiência, os quais estão dispostos (em meu entender) num amplo e sofisticado leque.

Como compartilhá-los com simplicidade e clareza? Lembro-me, então, de uma velha senhora portuguesa que sempre dizia: "A vida é um bolo que se come às fatias". Penso em montarmos juntos o "bolo". E já aviso: é um enorme bolo de camadas superpostas, até entrelaçadas – como os de casamentos antigos. Para começar, imaginemos que temos dois campos entrelaçando-se:

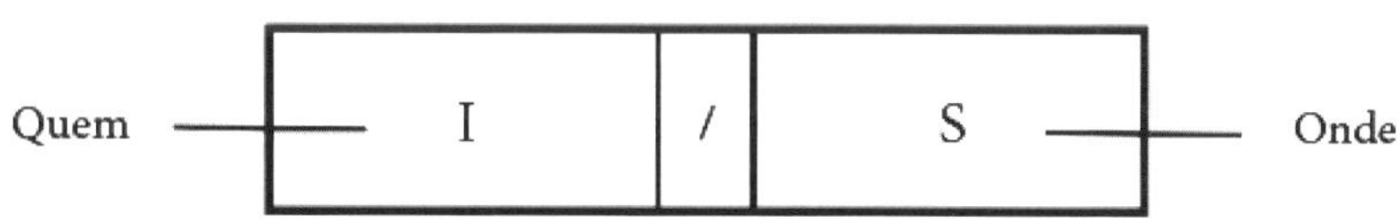

Figura 5.1

Um corresponde à pessoa deficiente e o outro à sociedade (sem nos esquecermos da sua indissolubilidade). Mas pensemos também que cada um desses campos é composto de, pelo menos, três elementos, assim:

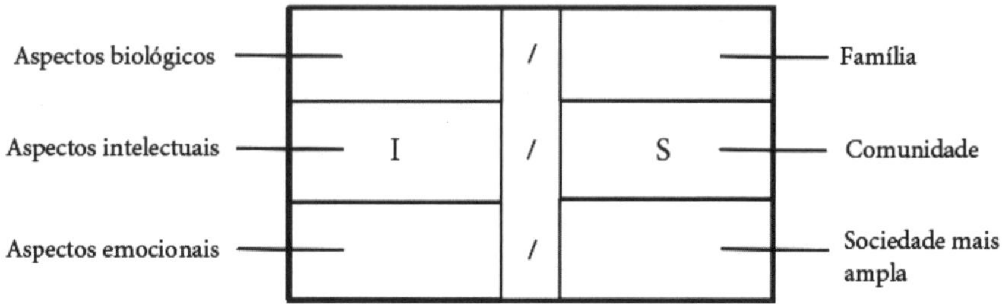

Figura 5.2

E lembremo-nos de que cada um deles não está compartimentalizado, mas misturado ao todo – assim como ingredientes de um prosaico bolo.

Em seguida vamos acrescentar a cada campo outros elementos. Para não poluir demais o esquema, vamos segmentá-los, atribuindo-os a apenas um dos campos, o que não corresponde à verdade, pois cada um está presente, de uma forma ou de outra, nos dois conjuntos. Por exemplo, ao campo correspondente ao indivíduo acrescentaremos o tipo de deficiência – chamaremos a esse ingrediente de "o quê", ao segundo campo acrescentaremos "o como":

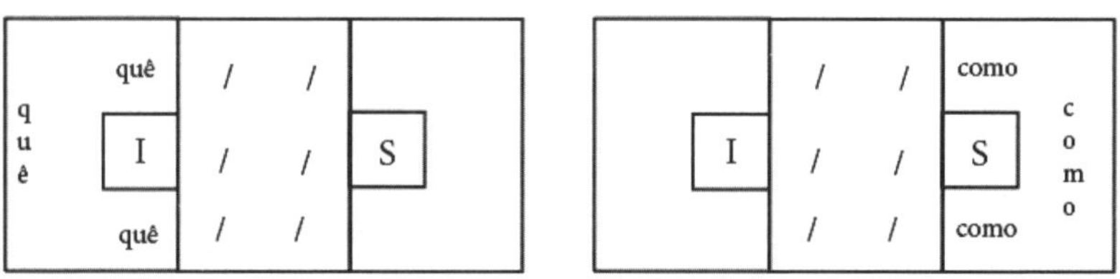

Figura 5.3

Voltando ao primeiro, este receberá mais uma camada, "o quanto", e o segundo, "o quando". Plasticamente, teríamos então o nosso bolo-esquema com a seguinte configuração:

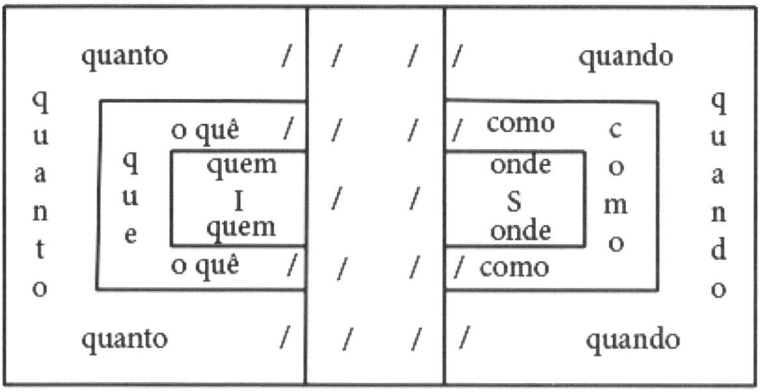

Figura 5.4

A questão da reação ante a deficiência e, em consequência, da integração social da pessoa deficiente corresponde a esse grande e sofisticado espaço de intersecção, onde se cruzam, se tocam, os seguintes aspectos: quem é essa pessoa; qual a sua deficiência; qual o grau em que ela se apresenta; como ocorreu; quando ocorreu; que tipo de família é a dessa pessoa; em que tipo de comunidade está inserida; qual a configuração da sociedade mais ampla.

Vamos agora dividir nosso hipotético bolo em quatro grandes fatias, não perdendo de vista a multiplicidade de elementos e sua mescla. Ou, numa linguagem mais "séria" e mais técnica, vamos tentar agrupar as múltiplas variáveis, lembrando a interação entre elas e apontando a grande complexidade que envolve isso tudo, embasando o conjunto de reações frente à deficiência. E, em consequência (como já dito), embasando a integração da pessoa portadora de deficiência – pois é inegável que a integração (ou a segregação) é função do conjunto de reações do indivíduo e/ou de seu grupo.

Reações ante a deficiência – Quatro grupos de variáveis

Na tentativa de clarificar um pouco melhor, e dimensionar mais adequadamente, a sofisticação do espaço de intersecção de tantos aspectos, alguns desdobramentos se fazem necessários:

Pessoa

Um aspecto a assinalar relaciona-se ao binômio idade/sexo, uma vez que esses elementos – aliás, independentemente da ocorrência de deficiência – são definidores de muitas expectativas familiares e sociais.

Assim, por exemplo, em nosso contexto sociocultural, ao sexo masculino correspondem usualmente a atribuição e cobrança de comportamentos e atividades que tenham sua tônica na inteligência, na independência, na força física; já das mulheres esperam-se, por exemplo, beleza e atratividade física, dependência ou passividade. Das crianças, dos adolescentes e dos adultos esperam-se, também, atividades, comportamentos e atributos diferenciados.

Um outro fator a ser analisado é aquele referido a aspectos psicológicos: força ou fragilidade de identidade, modalidades de dinamismo psicológico, estratégias defensivas, conflitos anteriores, valores e atitudes, comportamentos usuais, formas de comunicação interpessoal, interesses, motivações, necessidades e metas, rigidez ou plasticidade dos recursos afetivos...

Deficiência propriamente dita

Aqui é importante salientar o tipo de deficiência (auditiva, visual, mental ou física), uma vez que sua própria natureza vai definir, em princípio, as funções afetadas e a limitação de atividades delas decorrente – e, em consequência o impacto, e a abrangência da situação na vida da pessoa. Por essa razão, obviamente, o tipo de deficiência deve sempre ser cotejado tanto com as características pessoais do indivíduo quanto com as atividades usualmente desenvolvidas em seu contexto socioeconômico-cultural. Vários autores incluem nesta discussão a existência do comprometimento na "atratividade" física da pessoa e na visibilidade da deficiência – ambas relacionadas ao estigma. Cabe também aqui uma discussão de possível "hierarquia", montada tanto a partir de critérios "objetivos" quanto "subjetivos", como assinala Omote.

Um outro fator a ser considerado, como variável importante incidindo sobre a reação à deficiência, é o grau de comprometimento, ou a gravidade (severidade) do quadro. Muitos autores são enfáticos ao afirmar, todavia, a inexistência de uma correlação linear entre o grau da deficiência e o nível de sofrimento psicológico das pessoas envolvidas. Mas, independentemente das valorações individuais, é óbvio que o grau de severidade implicará, sempre, maiores ou menores dificuldades na execução de tarefas ou na vivência de papéis sociais, em diferentes níveis de dependência e autonomia, na própria percepção das limitações (como no caso da deficiência mental) etc.

A característica de estabilidade ou progressão da deficiência é outro fator a ser considerado, uma vez que as alternativas desencadearão, necessariamente, reações de cunho diferente. Assim, um quadro degenerativo implicará quase sempre um sentimento de urgência e uma deficiência estabilizada implicará outros sentimentos. Cabe ainda considerar quadros circunscritos a determinados comprometimentos e quadros expansivos. Igualmente a levar em conta as dificuldades na previsão do desenvolvimento do quadro (prognóstico incerto).

A existência da dor, associada à deficiência, dá a esta tonalidade muito específica, uma vez que – como é de amplo conhecimento – a presença da dor traz consigo uma certa desorganização psíquica, que influirá sobre a vida como um todo.

Circunstâncias

Basicamente, pode-se apontar dois aspectos centrais: o quando desencadeou-se/instalou-se a deficiência e o como. Ao quando estão relacionados: momento de vida da pessoa e fase do desenvolvimento, necessidades específicas ligadas à fase do ciclo vital; papéis sociais exercidos; expectativas de aprendizagem e desempenho de tarefas e habilidades; significação social daquela deficiência no momento histórico-cultural; suportes técnicos em vigência etc. Além disso, o "quando" contribui para caracterizar perdas do "jamais tido", como na deficiência congênita, e perdas do "tido e perdido", como na deficiência adquirida.

O como aconteceu a deficiência é outro fator a considerar. E um elemento de fundamental importância é a possível existência de culpabilização (real ou fantasiosa) de alguém: o próprio indivíduo, o pai, a mãe, ou qualquer outra pessoa. Também incidem sobre o fator "como" outras facetas: a ocorrência sendo repentina ou gradativa, traumática/acidental ou insidiosa, por auto ou heteroindução, com contraposição à morte ou não, socialmente glorificante ou não...

Lócus

Tentar resumir todos os aspectos relevantes referentes ao lócus é temerário. Todavia pode-se pensar o contexto social como composto de círculos concêntricos: família, comunidade e sociedade mais amplas. Da família (de que já nos ocupamos anteriormente) cabe também assinalar: tipo, tamanho, classe econômica e social, crenças religiosas, dinâmica, características de seus membros, valores etc.

Dos demais "círculos" nos ocuparemos posteriormente, mas neste momento pode-se, na comunidade, salientar aspectos semelhantes aos apontados na família, vistos por um prisma mais abrangente e que definirão, por exemplo, práticas educacionais e/ou clínicas. Desse âmbito (e do familiar) faz parte também o ambiente físico, importante pois gerador de facilidades ou dificuldades específicas.

A sociedade – entendida aqui como o macrouniverso do indivíduo, com toda sua amplitude de características e valores – será objeto de reflexões um pouco mais aprofundadas. Porém deixarei sublinhado que muitas das reações pessoais à deficiência respondem frequentemente (embora nem sempre) mais ao imaginário coletivo que ao próprio universo interno.

Por ora, insisto apenas na ideia de que os fatores aqui discutidos, bem como a quase infinita combinação entre eles, configurarão o pano de fundo das reações individuais à deficiência, assim como o leque de eventuais problemas a serem enfrentados. Gostaria, enfim, de frisar (caso não tenha deixado claro anteriormente) que tudo o que foi comentado no capítulo precedente, sobre o "trajeto" psicológico da família, tem uma correspondência – extremamente similar – no "trajeto" psicológico da própria pessoa afetada: choque, negação, depressão, reorganização psíquica etc.

Como vimos, a aceitação ativa é o acolhimento da deficiência, e estará sempre ligada à múltipla configuração esboçada. Mas, de qualquer forma, ela significa a presença não passiva no cotidiano de cada um; significa o não se deixar submergir pelo rodamoinho de culpas e perdas; significa entrar em contato com os próprios limites e com os potenciais; significa, em última instância, expor as Aves do Lago Estínfalo – conteúdos inconscientes à luz do Sol, sabedoria e à certeira pontaria de poderosas flechas, para alcançar níveis "ótimos" de relacionamentos pessoais. Mas, como disse, esses são aspectos referidos à "disponibilidade" pessoal. E a disponibilidade do meio? Vamos a isso, discutindo a integração social.

6. As Estrebarias de Augias
Integração social: "lato sensu": metas e armadilhas

O sexto trabalho de Hércules repousa não só em suas capacidades de astúcia ou força, mas também sobre a humilhação. Sua tarefa é limpar as Estrebarias de Augias, rei de Elis, que, por preguiça, deixa acumular, por trinta anos, o esterco nos currais, privando a terra de adubo, negando-lhe fertilidade. Além disso, essa tarefa nos fala de engodo, pois Hércules, ao chegar, combina com o rei um preço para seu serviço, mas ao final o acordo não é cumprido e o herói se vê vítima da má-fé de Augias. O episódio nos fala também da aliança entre Hércules e Fileu, filho do rei, que se revolta contra o pai pelo não cumprimento do contrato. Ao seu final, essa tarefa traz a vitória de Hércules que, abrindo duas grandes fendas nas paredes, "somando" o curso de dois rios, desviando suas águas para dentro das estrebarias, e depois direcionando-as para os campos, realiza o que parecia impossível: fertilizar rapidamente a terra, privada até então de alimento.

Poderia, para dar continuidade à ideia do inconsciente como lócus dos conteúdos-Aves do Lago Estínfalo, pensar os rios desviados de seus cursos como um caudal, "lavando" esse mesmo inconsciente e transformando o estagnado em florescimento, como num processo elaborativo.

Seria instigante, mas talvez em certo sentido repetitivo e em outro extremamente superficial, pois discutir e aprofundar o próprio conceito de elaboração – condição necessária para o prosseguimento da analogia – fugiria aos objetivos deste momento e deste contexto. Fica apenas assinalada uma pista a mais, dentre as inúmeras por mim percebidas e dentre as inumeráveis que ocorrerão a cada leitor.

Escolho, pois, outro caminho para, a partir desta sexta tarefa, continuar construindo a analogia entre alguns aspectos relacionados à deficiência e os trabalhos de Hércules.

Como vimos (embora tão sucintamente!) no Capítulo 2, a morte e/ou a humilhação marcaram, com bastante frequência, o percurso das pessoas com deficiência na história da humanidade. Assim, a ideia da humilhação (companheira do estigma) pode nos dar um elo de ligação para esta analogia, especialmente no que se refere a aspectos presentes nas relações, quando de eventual inserção social.

Muito perto disto está, também, a ideia do engodo, daquilo que é proposto (como intenção) e daquilo que é efetivamente feito – como no caso do pagamento de Hércules e como no caso da pseudointegração, tantas e tantas vezes levada a efeito, em tantos e tantos momentos históricos.

Mas de não menor importância é a ideia da aliança com Fileu, conseguida por Hércules, uma vez que podemos discutir também possíveis superações, seja pelo estabelecimento de eventuais parcerias, de viáveis estratégias "cooperativas" com os demais membros da sociedade ou de propostas de desmascaramento de ideologias defensivas.

Dessas superações também nos falam tanto a abertura de brechas num sistema fechado quanto o "somatório" das águas de dois diferentes rios, como o desvio de um curso milenar – o que, em conjunto, propiciará que a fertilidade se espalhe pelos campos até então privados de alimento, os quais, finalmente nutridos, fornecerão mais e mais provimentos aos habitantes da região.

A partir de cada uma dessas analogias, penso, então, discutir o "lugar integrado" reservado à pessoa com deficiência, do ponto de vista da interação social.

Embora já tenha refletido um pouco sobre essa questão em outros textos (Amaral 1989a; 1991a; 1991b; 1992b, 1992c; 1994a), desejo aqui enfocá-la do prisma deste livro. Ou seja, dentro de uma visão mais global que, partindo do contexto histórico, tenta abordar o estado presente da temática. Falo, pois, da inserção da pessoa com deficiência na vida social. E, como veremos, esse é um tema pleno de ambiguidades e mal-entendidos.

Começo pela clarificação do conceito de integração e, para isso, remeto-me a colocações desenvolvidas nos textos citados: especialmente no último deles, que se propunha a discutir em maior profundidade a faceta do trabalho, no amplo espectro da integração social – aliás, faceta essa que penso explorar mais à frente, assim como penso explorar algumas questões relativas a papéis sociais, exercício da sexualidade etc.

Bem, dizia eu, no mencionado artigo (Amaral, 1994a), que é sempre interessante lembrar que integrar pode significar "tornar inteiro", "completar", "integralizar" e pode também significar "estar junto de", "não separar", "não segregar".

Desenvolvia, então, a ideia de que o primeiro sentido pode conter uma armadilha, pois passível de encaminhar ações e políticas que almejem "completar a falta", "tornar inteiro" – ou seja, desconsiderar ou desvalorizar a diferença, pretender tornar o deficiente "igual" ao grupo de referência.

Essa opção, se levada às últimas consequências, esconde em suas pregas a dificuldade em lidar com a diversidade, transformando-a em mera "falta", "falha", "incompletude" – que deveriam, então, ser eliminadas com eficiência e rapidez.

Não que esse sentido não possa, inversamente, ser decodificado como uma busca de otimização de potencial – desde que reconhecidas as limitações como limitações tão somente. Ou seja, "tornar inteiro" em relação a si mesmo e não em relação a parâmetros externos.

Vale frisar que, malgrado todas as alternativas e possibilidades de discussão relacionadas ao "tornar inteiro" – que nos levariam a proveitosos atalhos –, neste contexto refletiremos, especialmente, sobre a integração como oposição à segregação, até porque o anterior foi explorado, mesmo que não exaustivamente, nos Capítulos 4 e 5.

Assim, é no segundo sentido ("estar junto de", "não segregar") que vou enfocar.

Esse segundo sentido (que também será explorado em capítulos posteriores) remete-se à eliminação de barreiras, ao oferecimento de "equiparação de oportunidades" de acesso: ao mundo físico, ao mundo da satisfação e realização pessoal, ao mundo das relações sociais – se é que seja possível dividir de forma tão estanque essas esferas!

Mas o fato é que algumas barreiras podem ser interpostas entre a pessoa com deficiência e esses "diferentes" mundos, concretizados na escola, no trabalho, na cultura, no lazer, nas relações afetivas, no exercício da sexualidade... Barreiras essas que poderão ser de caráter físico, econômico, político, moral, cultural, psicológico...

Assim, esses obstáculos podem ser pensados, por um lado, como inseridos num contexto mais amplo, como a realidade econômica do país e o desemprego tornado crônico dela decorrente; as políticas educacionais mais amplas e a galopante falência do sistema educacional como um todo; o capitalismo selvagem levando às últimas consequências um esquema altamente competitivo entre empregadores e entre trabalhadores; a precariedade do sistema público de transportes; a opção pela construção de obras faraônicas; o culto à perfeição e à produtividade...

Por outro lado, esses obstáculos podem ser pensados inscrevendo-se numa ordem mais "estrita", de caráter psicossocial, como aquela configurada em opções por discriminação e segregação, baseadas, por sua vez, em visões preconceituosas da deficiência.

Aprofundemos, pois, a discussão da própria ideia de integração no contexto da deficiência.

Para os especialistas (e aqui remeto-me apenas a duas sistematizações teóricas: Cardoso, 1992 e Soder citado por Corde, 1992), a integração pode e deve ser vista em quatro diferentes níveis: físico, funcional, social e comunitário/societal.

Aqui um parêntese: esclareço que me apropriei à "minha maneira" desses conjuntos teóricos. Assim, cabem a mim eventuais desvios das ideias originalmente propostas pelos autores: eleitos como norteadores, mas nem sempre fielmente seguidos!

Tento, pois, trazer resumidamente os elementos referidos a cada um dos níveis propostos e, para isso, apresento o (Quadro 6.1).

Não é preciso muito esforço para chegar-se à conclusão de que a real inserção da pessoa com deficiência na vida social se faz, de fato, apenas no quarto e último nível: o comunitário/societal, ou seja, o que tenho chamado de integração social lato sensu. Mas vejamos melhor, e paulatinamente, cada um deles.

O primeiro nível, o da integração física, traz consigo uma profunda ambiguidade, pois, por um lado, a proximidade poderá estar contribuindo para a minimização dos preconceitos, uma vez que estes são, em muito, favorecidos pela estranheza e pelo desconhecimento. Mas, por outro lado, essa mesma proximidade, sem outras preocupações além da redução da distância física – ou a ocupação do mesmo espaço – entre pessoas com e sem deficiência, ao não garantir uma efetiva troca entre elas poderá, contrariamente ao "desejado", fortalecer o estigma e justificar uma segregação de caráter menos explícito, mas nem por isso menos prejudicial.

Ou seja, estar simplesmente "ao lado de" não propicia real e efetiva integração, assim como não estamos integrados às pessoas que conosco dividem um elevador, um ônibus, um trem de metrô ou um avião.

1		2
F I S I C A	• pessoas do mesmo "grupo", que ocupam o mesmo espaço físico - condição para conhecimento mútuo - pode ser motivo para maior segregação e estigma	• redução da distância física entre pessoas com deficiência e não portadoras de deficiências

1 In Cardoso, M.C. de F. (1992). Propostas de integração na comunidade. *Integração 4*, 13-18.

2 Citado por Cordd. Subsídios para elaboraçào da Política Nacional para integração das pessoas portadoras de deficiência no Sistema Regular de Ensino. R*evista Brasileira de Educação Especial 1*, 125-132.

<table>
<tr><td>FUNCIONAL</td><td>• pessoas no mesmo grupo, com uma atividade em comum
• os membros tem a mesma função ainda que com diferenças no ritmo e na precisão da execução das tarefas
• comunicação pode não ocorrer</td><td colspan="2">• redução da distância funcional entre os dois grupos, utilizando equipamentos e recursos diferentes
• portanto, é utilização conjunta dos recursos disponíveis</td></tr>
<tr><td>SOCIAL</td><td>• necessária a interação entre os membros
• Tipos de interação:
- proximidade (presença)
- auxílio (voluntário)
- serviço (profissional)
- reciprocidade (horizontal)</td><td colspan="2">• relacionada a crianças, supõe:
- redução da distância social existente e
- reedução do sentimento de isolamento</td></tr>
<tr><td>COMUNITÁRIA</td><td>• desenvolvimento de sistemas de apoio da comunidade
• ação política organizada
• esforço e planejamento sistemáticos
• associações, instituições
• esferas governamentais:
- municipal
- estadual
- federal
• eliminação de barreiras arquitetônicas
• legislação</td><td>SOCIETAL</td><td>• relacionada aos adultos e supondo as mesmas possibilidades de:
- ter acesso aos recursos como qualquer cidadão
-desempenhar papel produtivo
- fazer parte de uma comunidade social</td></tr>
</table>

Quadro 6.1

Nem essa proximidade favorece em nós, necessariamente, a revisão de estereótipos, sejam eles referidos a que atributo for, nem nos aproxima dos outros.

Mas poderá, por um terceiro lado, "saciar" nossa curiosidade frente ao novo, ao diferente – o que, no final das contas, pode ser um excelente caminho para o conhecimento. Afinal, quem de nós se diria isento de um olhar (mesmo que de soslaio) para um companheiro de elevador que usasse cadeira de rodas, bengala branca, tanga de penas; tivesse uma postura inusual, um comportamento "bizarro", um jeito de falar característico?

E o fato é que da "simples curiosidade" pode emergir um promissor desejo de conhecer mais e melhor.

Digamos, então, que tornar visível pode ser pensado como o primeiro e necessário passo no caminho da integração. Tirar da "sombra", trazer para a luz, aqueles que se constituem (ou são constituídos?) como diferentes, quer por suas características físicas, quer por seus comportamentos, quer por sua inserção étnico-racial etc.

Enfim, tornar visíveis as pessoas com deficiência, colocando-as no circuito social, é, insisto, o primeiro passo – mas não o suficiente.

O segundo nível de integração nos fala da redução não mais meramente física, mas de uma redução de distância "funcional" – ou seja, as pessoas podem e devem ter uma atividade em comum, malgrado estejam se utilizando de estratégias e equipamentos diferentes ou desenvolvendo essas atividades em ritmos, formas e níveis de precisão também diferentes.

Uma ilustração (prosaica) disso seria a atividade de fazer compras num *shopping center*, ou de ir a um cinema, onde paraplégicos usariam elevadores e entrariam pela porta mais acessível (a de saída, por exemplo) e caminhantes usariam as escadas e entrariam pela usual porta de acesso.

Outra situação ilustrativa seria a de um estudante cego gravando as aulas e fazendo algumas anotações, em braile, do conteúdo da disciplina e um aluno vidente acompanhando a matéria pelos esquemas dispostos no quadro-negro e preenchendo folhas e folhas de seu caderno.

Ou seja, estamos falando de uma integração "paralela", que envolve, obviamente, vantagens interessantes, pois não só traz para a "luz", mas favorece a experiência vivencial. Falta-lhe, todavia, uma característica importante: a comunicação não está necessariamente presente nesse nível de convivência.

Já o terceiro nível de integração, a integração social (que eu chamaria de *stricto sensu*), aponta para a redução da distância interpessoal, pois pressupõe, exatamente, a comunicação entre as partes envolvidas e, em consequência, viabiliza uma real interação. Pressupõe também, em função disso, a redução de eventual sentimento de isolamento por parte da pessoa com deficiência.

Não é, todavia, ainda e por si só, a melhor e mais completa forma de integração, pois nem sempre a comunicação estabelecida é a mais "desejável". Ou seja, o fato de haver comunicação não implica automaticamente igualdade de oportunidades, uma vez que tal comunicação pode se estabelecer em caráter estritamente "vertical": permitir, proibir, dar ordens, comandar... ou mesmo em caráter de "prestação de serviços" profissionais: ensinar, orientar, auxiliar...

Esclareço que uso as aspas pensando naquele tipo de auxílio que traz em si a verticalidade própria de relações assimétricas baseadas num pressuposto de poder, que pode estar presente quer nas situações que em nosso contexto são explícita e preferencialmente verticais, como aquelas entre pais e filhos, professores e alunos, patrões e empregados, profissionais e clientes/pacientes..., quer nas relações verticalizadas preconceituosamente: vidente e não vidente, ouvinte e não ouvinte...

Porém nem sempre a verticalidade marca as relações sociais e, assim, é a própria integração social que poderá propiciar o emergir dela ou de outro tipo de interação: a horizontal.

Digo horizontal enfatizando o "ombro a ombro", mesmo que esses ombros pertençam a pessoas com diferentes idades, condições psíquicas, características físicas, papéis sociais...

Falo, portanto, da horizontalidade que pressupõe reciprocidade. Ao falar de reciprocidade, falo dessa preciosa condição humana de troca, de mudança mútua; falo da "alquimia" que pode transformar o "nada" em ouro; falo do crescimento subjacente a qualquer mudança mutuamente estimulada e construída.

"Idealismo", diria talvez o leitor. Não creio. Vivi, venho vivendo e, espero, continuarei a viver essa experiência, seja como participante ativa, seja como mera observadora.

Por que esta não seria então a "verdadeira" integração, se há o compartilhamento do mesmo espaço e das mesmas atividades, em relações sociais horizontalizadas? Porque tudo isso não se dá, tão somente, a partir de "vontades" individuais ou de disponibilidades pessoais e sim de uma "vontade coletiva".

Ou seja, o quarto nível de integração, aquele que chamo de integração social *lato sensu*, só é possível por meio de uma vontade política que, mediante o desenvolvimento de sistemas de apoio da comunidade – sistemas planejados e construídos de forma sistemática, a partir das diferentes esferas, públicas e privadas –, poderá real e efetivamente abrir as portas de acesso aos recursos sociais. À VIDA.

Fazem parte desse planejamento as ações que visem eliminar ou redimensionar os obstáculos a esse acesso à comunidade social: legislação, investimentos econômicos para otimização de serviços de habilitação e reabilitação, eliminação de barreiras arquitetônicas, reciclagem profissional, enfrentamento de barreiras atitudinais... apenas para citar algumas ações possíveis.

Claro está que mesclei grandes questões sociais a um pouco menores questões institucionais, mas, como diria Aroldo Rodrigues: "Misturei sim, e por que não, folhas de grandes árvores, com raminhos de agrião".

Quando estas e outras questões, "grandes" ou "pequenas", estiverem sendo de fato e abertamente enfrentadas e equacionadas será possível dizer que o indivíduo (genérico) com deficiência estará integrado, fazendo parte de sua comunidade social, exercendo seus papéis (inclusive os "produtivos"), vivendo seus direitos e deveres, sendo cidadão.

Ao dizer da cidadania, sinto desejo de explorar um pouco mais o tema, mas penso que é preciso, antes, compartilhar outras ideias. Deixo, portanto, para um capítulo posterior essa instigante discussão que o termo "cidadania" traz em seu bojo e sigo para a sétima tarefa de Hércules.

7. O Touro de Creta
Mecanismos psicológicos de defesa diante da deficiência: Atitude, preconceito, estereótipo, estigma[1]

O sétimo trabalho de Hércules refere-se à captura do Touro de Creta, um animal de extraordinária beleza, porém enlouquecido, que percorre sem rumo as ruas da cidade, lançando fogo pelas narinas, espalhando o terror. Sua loucura foi provocada num gesto de vingança por Poseidon, ao não ter o animal sacrificado em sua homenagem tal como prometido por Minos. O herói, lançando mão de força/astúcia, consegue aprisionar o touro e, montado sobre seu dorso, leva-o para Micenas.

Para prosseguir na analogia, antes de mais nada é preciso partilhar uma constatação: o fato é que (seja da ótica de quem a vive, seja da ótica de quem a vê) a deficiência, do ponto de vista psicológico, jamais passa em "brancas nuvens", assim como o Touro de Creta.

Poderíamos, então, dando continuidade a nosso jogo analógico, explorar as ideias contidas na "vingança" de Poseidon pela "traição" de Minos – que jurara sacrificar àquele tudo que de belo emergisse do oceano; mas, encantado com a beleza do Touro, sacrifica outro animal em seu lugar, traindo o deus e despertando sua ira vingativa.

---

1 As ideias aqui desenvolvidas incluem reflexões atuais bem como fragmentos da minha tese de doutorado, especialmente do subitem 1 da "Introdução" (Amaral, 1992a, pp. 60-75).

De fato, "vingança" e "traição" são ideias plenas de significado ao pensarmos em sua conotação moral – recurso frequente quando se discute o impacto emocional da deficiência, ou quando nos debruçamos sobre usuais leituras de sua etiologia.

Mas, embora promissora, a analogia não "cabe" no tópico a discutir (convido o leitor a explorar, por si só, esse filão) e, assim, outra já se faz presente em meu pensar: o Touro de Creta simbolizando a força das emoções, muitas vezes belas e outras aterrorizantes, pois sinalizações de perigo.

Sublinho que Hércules não mata o animal, nem sequer o fere – simplesmente domina o "perigo", segurando-o por seus próprios chifres. No dizer de Junito Brandão (1989), "a vitória de Hércules sobre o Touro feroz, que lançava chama pelas narinas, é o triunfo sobre a força bruta da tendência dominadora" (p. 114).

Penso que essas palavras se ajustam perfeitamente às ideias a desenvolver neste capítulo. Aprofundemos, pois, algumas reflexões remetidas ao tema em pauta: atitudes, preconceitos, estigma.

Como dito no primeiro parágrafo, a deficiência jamais passa em "brancas nuvens", muito pelo contrário: ameaça, desorganiza, mobiliza. Representa aquilo que foge ao esperado, ao simétrico, ao belo, ao eficiente, ao perfeito... e, assim como quase tudo que se refere à diferença, provoca a hegemonia do emocional.

Ora bem, embora as emoções sejam onipresentes nas situações de interação – pois se ausentes talvez o próprio estado de interação fosse inexistente –, parto do pressuposto de que essas emoções, sejam conscientes ou inconscientes, admitidas ou inconfessas, perpassam muito intensamente as relações estabelecidas (ou a estabelecer) entre as pessoas não deficientes e as portadoras de deficiência. Medo, cólera, desgosto, atração, repugnância – juntas ou isoladamente, fortes ou moderadas – são possibilidades reais e frequentes.

Mas, antes de prosseguir o raciocínio, uma ressalva: relatos, depoimentos e a própria observação da vida (e minha experiência pessoal também!) mostram que essa hegemonia desorganizadora do emocional, como aqui entendida, "cede o passo" a uma convivência não atípica (ou qualquer nome que se queira dar) depois de superadas as fases iniciais de impacto e descompensação psíquica. Todavia estou, prioritariamente, tentando delinear um conjunto de reações, quase um paradigma, referido à situação básica de predomínio desse emocional fortemente atuante e com alto potencial de sofrimento e mobilização psíquicos.

Assim é que, muitas vezes, dessa hegemonia emocional (dessa "tendência dominadora", para lembrar a analogia proposta com o Touro de Creta), resulta a "ativação" de mecanismos de defesa, os quais, por sua vez, podem gerar comportamentos como superproteção, abandono etc. – parceiros, portanto, das emoções desencadeadas diante da diferença/deficiência corporal.

Mas é preciso ver um pouco melhor isso tudo! E embora já tenha discutido esses mesmos pressupostos teóricos em outros textos (Amaral, 1991a; 1992a; 1994b), penso ser necessário retomá-los.

Mecanismos de defesa

O conceito de "mecanismo de defesa" nos é dado pela psicanálise. Com efeito, desde que Freud, em 1926, sistematizou suas ideias a respeito da ansiedade (Freud, 1926/s.d., pp. 2833-2883), passamos a ter um referencial sobre formas como a psique humana reage a uma experiência emocional específica: a ameaça, especialmente a ameaça de perda. Quer se refira, isolada ou conjuntamente: ao objeto amado, ao amor do objeto amado ou à autoestima (amor-próprio?), essa ameaça configura uma contingência psíquica específica – à qual corresponde o estado de ansiedade. Esta, por conseguinte, para manutenção da saúde psíquica será por nós manejada sob duas grandes formas: lidamos com a realidade ou acionamos mecanismos de defesa.

Aos leitores desejosos de aprofundar seus conhecimentos sugiro a leitura de alguns dos autores que exploraram o tema, seja o próprio Freud, Anna Freud, Otto Fenichel, José Eleger... Nestes baseei a síntese conceitual aqui alinhavada.

Ou seja, mecanismos de defesa do ego são as estratégias utilizadas pela pessoa para manutenção do equilíbrio intrapsíquico, por meio da eliminação de uma fonte de insegurança, perigo, tensão ou ansiedade. Isto, entre outras coisas, significa que os mecanismos defensivos estão presentes no ajustamento e desenvolvimento da personalidade e não apenas em processos patológicos – nestes o que ocorre é a presença rígida e constante de determinados mecanismos. Mas vale ressaltar, como o faz Eleger, que de uma ou de outra forma a conduta defensiva – em sua vigência – conduz a uma restrição do eu ou até mesmo a uma limitação funcional da personalidade. A isso tenho acrescentado: a uma limitação na dinâmica interpessoal.

Há alguns anos, refletindo sobre essa questão, alinhavei algumas ideias (Amaral, 1988) que desejo aqui recuperar (mesmo correndo o risco de ser repetitiva para alguns leitores), transcrevendo quase literalmente algumas de suas páginas.

Já fazem parte inquestionável do patrimônio do conhecimento, especialmente da psicologia, algumas proposições a respeito das situações de ameaça. Existem pelo menos duas grandes categorias de fenômenos atuantes quando uma pessoa se depara com uma situação de ameaça, de perigo: medo e necessidade de defesa. Desta resultam duas possíveis formas (ou dois grandes conjuntos) de reação.

A primeira é representada pelo ataque. Seria, em nosso caso, um enfrentamento do "inimigo" atacando-o e, idealmente, destruindo-o. São comportamentos que podemos encontrar concretamente em mundos sujeitos a éticas diferentes da nossa: em culturas chamadas primitivas, nas quais, como em algumas tribos, o deficiente é sacrificado; ou mesmo em civilizações chamadas adiantadas, como Esparta. Comportamentos que podemos também encontrar no mundo animal, em que filhotes imperfeitos são, na maioria das vezes, mortos. Também atitudes factíveis em nosso próprio universo cultural, quando forças mais poderosas que a moral vigente vencem: extermínio de bruxas, judeus, negros... por razões religiosas, econômicas, históricas... Ataca-se o diferente, o inconveniente, e com isso liquida-se a ameaça por eles representada.

Como nossa moral judaico-cristã e nossas escalas de valor pautam-se por parâmetros diferentes (mormente em tempo de paz), é mais usual o segundo caminho: foge-se à questão. Do ponto de vista psicológico, várias são as formas de fugir ao problema-deficiência. Dentre elas, a rejeição pode ser pensada como tendo lugar de destaque, com seu cortejo: abandono, superproteção, negação...

Não vou aqui deter-me em duas de suas possíveis (e antitéticas) manifestações: abandono e superproteção, embora pudessem ser analisadas com proveito. Apenas para assinalar sua presença, poderíamos dizer que a forma explícita da rejeição é o abandono, explícito ele também (na Grécia Antiga, como vimos, chamava-se eufemisticamente de "exposição". Mas o abandono não se caracteriza necessariamente por uma forma literal, podendo ocorrer de modo implícito, indireto, quando – embora possível – não há investimento, seja de amor, de dedicação, de tempo etc.

Também em relação à superproteção apenas um assinalamento: formação reativa, transforma o afeto, o sentimento, em seu contrário; é fenômeno amplamente discutido na literatura psicológica. Tem como uma de suas principais características (ou decorrências) o deslocamento do centro da relação para o protetor – protagonista ele da situação –, desvitalizando o desprotegido "protegido", deslocando o eixo vital do outro para si.

Mas passemos, finalmente, para a terceira roupagem do mecanismo de rejeição: a negação, lembrando, sempre, que estamos apontando para os fenômenos pensando em seus diferentes graus, em diferentes momentos e em diferentes contextos. Ou, dito de outra forma, sem nos esquecermos que a negação, assim como os demais mecanismos de defesa, pode e deve ser acionada sempre que representar a preservação do estado de saúde psíquica.

Bem, o que tenho desenvolvido em termos de reflexão, baseada em várias postulações teóricas (por exemplo: Fédida, 1984; Goffman, 1982; Plaisance, 1984; Werebe, 1984) e compartilhada com muitos profissionais, é que pelo menos três são as formas de concretização da negação: atenuação, compensação e simulação. Podem ser usadas pela pessoa portadora de deficiência, pelas famílias, pelos profissionais, pelo homem comum, enfim por qualquer um que, uma vez em contato com a deficiência, entre em sofrimento psicológico.

Como se dão as concretizações da negação? "Por pensamentos, palavras e atos", diria eu, não sem uma certa dose de ironia.

A atenuação expressa-se por comportamentos específicos, que poderiam ser ilustrados por frases do tipo: "Poderia ser pior", "Não é tão grave assim" etc.

A compensação, que poderia ser uma ferramenta preciosa, se usada per se e não para instrumentalizar a negação, é a segunda forma. Possui também sua concretização verbal e "mas" é a palavra-chave: "Deficiente físico, mas tão inteligente". Inteligente sim, se for o caso, e deficiente também. Em vez de um "mas", simplesmente um "e" – a conjunção aditiva é mais valiosa que a adversativa.

A terceira e última forma de negação esquematizada, a por simulação, é expressa pela ideia contida em afirmações do gênero: "É cega, mas é como se não fosse". Mas é, continua sendo. A serviço de que, se não da negação, está o "como se"?

Já disse, e aqui repito, que as três formas de negação têm sido alguns dos "inomináveis" que circundam a questão da deficiência. Inomináveis que interferem inconscientemente (ou de forma inconfessa) nas relações estabelecidas, ou a estabelecer, entre os diferentes protagonistas dessa situação dramática e incontestavelmente ameaçadora.

Inomináveis que são potentes disfarces do grande e principal inominável: a rejeição – consequência drástica (mas profundamente humana) do medo, do mal-estar, até mesmo asco, que provoca a imperfeição.

Atitudes, preconceitos, estereotipos

Tenho defendido a ideia de que à psicologia social cabe estudar os fenômenos que acompanham essas ocorrências de cunho emocional, relacionadas à deficiência. Qual tecido de sofisticada trama, os fenômenos psicossociais apresentam-se entrelaçados, superpostos, emaranhados: atitudes, preconceitos, estereótipos, estigma. Ora bem, como se passa isso tudo? Onde começa o nó a desatar, o nó que enovela essas manifestações, aqui chamadas de psicossociais?

Baseando-me em vários autores, especialmente em M. Dorai (1988), que – ao fazer uma revisão dos conceitos de estereótipos – com clareza tenta equacionar o processo, e cujas colocações serviram de base para o raciocínio desenvolvido, acabei por construir uma síntese da possível dinâmica entre esses fenômenos, a qual vem colaborando, em muito, para a consecução de minhas pesquisas e para o aprofundamento de minhas reflexões. Assim, desejo mais uma vez compartilhá-la (novamente pedindo desculpas ao leitor com ela já familiarizado).

Começo pelos sentimentos, que são, no dizer de Solomon Asch (1977, pp. 477-480), "as organizações mais complexas que encontramos na pessoa". Com efeito, para esse autor, os sentimentos são resultantes da confluência de todas as funções psicológicas: percepção, emoção, motivação, cognição, aprendizagem... Têm uma condição de permanência e exercem o que ele chama de "força orientadora" em inúmeras ações, mantendo, além disso, uma grande variedade de objetivos.

E quanto às atitudes: o que se entende por isso, qual seu papel?

Aqui um parêntese: por razões que não cabe agora desenvolver, tenho o hábito de tentar, sempre que possível, acompanhar a evolução de determinado conceito ou definição, utilizando três dicionários: um do século XIX (mais precisamente de 1848, o "velhinho"), um da década de 1940 (o "antigo") e um atual (o "moderno" e precioso "Mestre" Aurélio).

Assim, como usual, uma primeira ida ao "velhinho":

> *No desenho, pintura e escultura usa-se da palavra atitude para indicar uma postura expressiva; aplica-se pois às figuras animadas quando são destinadas a exprimir sentimentos, paixões, ou estados do homem. (Roquette, 1848)*

Em seguida ao Aurélio "antigo":

> *Postura do corpo; norma de proceder; reação ou tendência determinada de comportamento em relação a qualquer estímulo ou situação; propósito; maneira de significar esse propósito. (Ferreira, 1946)*

E, finalmente, ao Aurélio "moderno":

> *Posição do corpo; porte, jeito, postura. Modo de proceder ou agir; comportamento, procedimento. Afetação de comportamento ou procedimento. Propósito ou maneira de se manifestar esse propósito. Reação ou maneira de ser, em relação a determinada(s) pessoa(s), objeto(s), situações etc. (Ferreira, 1975)*

O interessante é perceber que a definição, em sua singeleza, que mais se aproxima do referencial atual das ciências humanas é a de Roquette, com quase século e meio de idade!

Com efeito, seguindo o raciocínio de Dorai, conforme há pouco indicado, simplificadamente se pode dizer que as atitudes são uma postura (um posicionamento quase corporal) diante de dado fenômeno. Exprimem um sentimento e preparam, em princípio, uma ação.

Atitude refere-se, portanto, a uma disposição psíquica ou afetiva em relação a determinado alvo: pessoa, grupo ou fenômeno. Sendo anterior ao comportamento, ela é apenas inferível.

Pode-se então dizer que as atitudes estão para os comportamentos assim como os preconceitos estão para os estereótipos.

Senão vejamos: o que é o preconceito senão uma atitude favorável ou desfavorável, positiva ou negativa, anterior a qualquer conhecimento? O que é o estereótipo senão um julgamento qualitativo, baseado no preconceito e, portanto, anterior a uma experiência pessoal?

Ao leitor que desejar enriquecer seu conhecimento em relação às diferentes construções do conceito de estereótipo, sugiro algumas leituras de que lancei mão em minha tese de doutorado: Allport (1954, p. 191); Young (1956, p. 187); Triandis e Vassiliou (1967, p. 316); Krech, Crutchfield e Ballachey (1969, p. 63); Augras (1970, pp. 34-35); Bem (1970, p. 21); Hastorf (1973, pp. 45-46); Andrade (1975, p. 53); Martins (1982).

É interessante notar como várias das ideias expostas por esses autores articulam-se, explícita ou implicitamente, com o conceito de estereótipo conforme apresentado – seja para corroborar o pressuposto central, seja para contradizê-lo em algum sentido.

Mas voltemos à questão da diferença/deficiência, exemplificando a propósito dela. Nesse caso o preconceito pode estar lastreado na aversão ao diferente, ao mutilado, ao deficiente – os estereótipos daí advindos serão: o deficiente é mau, é vilão, é asqueroso... Ou o preconceito pode ser baseado em atitude de caráter comiserativo, de pena, de piedade: o deficiente é vítima, é sofredor, é prisioneiro... E assim por diante.

Estigma

E agora o último termo da equação proposta no título deste capítulo: estigma. Em minha síntese pessoal tenho pensado ser possível dizer que o estereótipo, quando "negativo", alia-se ao estigma (ou o constrói?). Simultaneamente o estigma cria o estereótipo do estigmatizado. A relação dialética pode ser levada ao infinito.

Como muito tem sido falado sobre a noção de estigma, a título de clarificação de linguagem, esclareço que me remeto, basicamente, às colocações de Goffman (1982), que podem ser sintetizadas na ideia de estigma como "inabilitação para aceitação social plena". Ou, dito de outra forma, a partir da conotação de "desumanidade" aplicada à pessoa com estigma segue-se todo um procedimento de discriminação, de segregação.

É também interessante notar que outros teóricos, além de Goffman, correlacionam o estigma com uma dada característica, ou atributo, de valência negativa. Assim, por exemplo, Hastorf (1973) define o estigma como qualquer característica negativa, desde que assim avaliada por um grande número de pessoas. Diz ele: "Defeito físico, incapacidade ou doença mental, cor não branca, falta de capacidade atlética e homossexualidade são exemplos de características consideradas estigma, pelo menos em algumas condições" (p. 96).

Além disso, um outro fator a sublinhar: como bem assinala Goffman (1982), "tendemos a inferir uma série de imperfeições a partir da imperfeição original..." (p. 15). É o que tenho chamado de "generalização indevida". Talvez a mais antológica confirmação dessa possibilidade venha do testemunho do escritor Chevigny, que passou à condição de cegueira na idade adulta (citado *ad nauseam* por tantos quantos têm se debruçado sobre a questão) e que, em sua obra autobiográfica *My eyes have a cold nose*, diz ter percebido como as pessoas tendiam a acoplar surdez, e até mesmo deficiência mental, à cegueira, pois era comum dirigirem-se a ele em altos brados ou falarem por ele, ou dele, em sua própria presença – mas ignorando-o.

O estigma estabelece-se, portanto, nas relações interpessoais.

E aqui percebo que ainda não assinalei um elemento que me parece fundamental: o desconhecimento. Fundamental porque pode ser entendido como matéria-prima (entre outras) para a perpetuação de atitudes preconceituosas e de leituras estereotipadas da deficiência – seja esse desconhecimento relativo ao fato em si, às emoções geradas ou às reações subsequentes.

E ainda uma última palavra sobre o conceito de atitude: parto do pressuposto (sem, todavia, alongar-me na discussão) que atitude e ambivalência são fenômenos ligados, basicamente, ao emocional, ao passo que opinião e ambiguidade movem-se, em princípio, nas esferas do racional e do comportamental. Penso que isso clarifica um dos grandes entraves que entendo presentes na questão da discriminação: as políticas e ações integrativas (da esfera social) movem-se no terreno do racional, mas as atitudes e grande parte dos comportamentos (da esfera individual) movem-se, basicamente, no âmbito do emocional.

Quero dizer com isso que, embora não dissociáveis, razão e emoção podem, em diferentes momentos, possuir diferentes tonalidades. Quantas e quantas vezes, no cotidiano, não vivenciamos situações que passam prioritariamente por um desses "canais"? Quantas e quantas vezes, apesar de virtuais "vasos comunicantes", sentimentos, pensamentos e ações mantêm-se (ora um, ora outro) aprisionados em compartimentos estanques?

Quantas e quantas vezes não nos perguntamos por que dissemos ou fizemos isto ou aquilo – e a leitura lógicoformal não nos dá resposta? E, inversamente, quantas e quantas vezes não nos perguntamos por que não estamos sentindo isto ou aquilo – e a leitura puramente intuitiva não nos dá resposta?

Não estou, portanto, defendendo a ideia de que sejam dois componentes distintos e isolados (pois já vai longe a legitimação das dicotomias indivíduo-sociedade, emotividade-racionalidade etc.), mas sim a de que a articulação entre ambos ainda é pouco estudada no âmbito da questão da deficiência.

Aliás, para Philippe Ariès (1985, p. 465), não se trata bem de uma articulação, pois, como diz ele numa frase estimulante, na questão da deficiência parece haver uma contradição: a ideologia "olha" pelos deficientes, e o comportamento espontâneo os rejeita.

Esse "comportamento espontâneo" está colorido, em muito, pela tendência dominadora das emoções, simbolizada neste capítulo pelo Touro de Creta. A "ideologia", por outro lado, muitas vezes (malgrado esforços legítimos) não "olha", em realidade, pelos deficientes, como tentarei discutir no capítulo seguinte.

8. Os Cavalos de Diomedes
Meios de comunicação, imaginário infantil e diferença: perpetuação de preconceitos?[1]

Em seu oitavo trabalho, Hércules deve enfrentar os Cavalos de Diomedes, animais monstruosos, pertencentes ao cruel soberano que odeia estrangeiros. Alimentam-se, portanto, da carne dos forasteiros que o mar leva para as costas da Trácia. A tarefa de Hércules é impedir essa prática perversa e levar os animais a Micenas. O herói, de um salto, lança-se sobre o rei, estrangulando-o. Atira, então, seu cadáver para os cavalos que, após devorá-lo, têm amansada sua fome desenfreada e tornam-se dóceis, surpreendentemente. Consta em algumas versões que, pela primeira vez, Euristeu presta homenagem ao corajoso Hércules e consagra os animais a Hera.

Neste trabalho de Hércules, dois aspectos podem nos servir de contraponto: a intolerância/perversidade e a banalização.

Em relação à primeira, caberia sinalizar o fato de os cavalos simbolizarem a intolerância e a consequente perversidade diante dos diferentes, aos estranhos, aos estrangeiros – pessoas que as tempestades (e, portanto, o "destino" ou as "forças da natureza") levavam às costas da Trácia. Instigantemente, o cruel soberano do qual emana a xenofobia é, ele mesmo, devorado por suas

1 O conteúdo do Capítulo 8 inclui, parcialmente, as colocações feitas no Seminário "Identidade, Imaginário Infantil e Mudança Social", no XVII Intercom – Congresso Internacional de Pesquisadores em Comunicação, em setembro de 1994, em Piracicaba (SP).

próprias criaturas, que então, e só então, acalmam-se. Mas penso que esse ângulo fala por si mesmo e, assim, aventuro-me pelo segundo aspecto que pode servir de contraponto: a banalização.

Quanto a esta, complementarmente à ideia a anterior, lanço mão das palavras de Paul Diel (1991): "símbolo da impetuosidade, os cavalos comedores de homens representam a perversidade que devora homem, a banalização, causa da morte da alma" (p. 198).

Não vou aqui alongar-me (nem teria capacidade para tanto) em discussão aprofundada sobre a banalização inscrita, eventualmente, em alguns dos produtos culturais, advindos, por exemplo, da produção da mídia ou da publicidade. Essa incapacidade, porém, não me impede de levantar alguns pontos sobre os quais tenho refletido.

Todavia, antes de desenvolver mais as ideias propostas, começo com uma divagação/recordação. Lá pelos idos de 1950 (e poucos), adolescente ainda, escutei de meu professor de português o que poderia ser chamado de uma profecia.

Falando sobre as origens dos meios de comunicação (e a distante criação de um jornal há mais de quatro milênios na China – naquele "mundo" não menos distante e tão impregnado de mistérios!), olhou, de forma intrigante, para cada um de nós e afirmou que não seríamos ainda avós e já estaríamos vendo a potência em que se transformariam esses meios de comunicação: "invadindo" nossas vidas, nos "entupindo" de informações, nos manipulando e, finalmente, passando a tomar decisões por nós.

Lembro-me que nos entreolhamos um tanto perplexos (atônitos mesmo) com aquele discurso empolgado. Mas, acostumados aos arroubos do professor, rapidamente creditamos essa afirmação à sua postura frequentemente alarmista (de que tínhamos concretos exemplos nas ameaças de reprovação etc. – que raramente se confirmavam!).

Hoje recupero, em mim, esse fragmento de memória – malgrado quarenta anos de história. Percebo quão próximo esteve o professor dessa realidade genérica e quão próximo esteve, também, de preocupações que de fato, e imprevisivelmente naquele momento, ocupariam meus pensamentos num futuro então distante: hoje, década de 1990.

E, mais uma vez, o pano de fundo desses pensamentos-preocupações é (obviamente no contexto deste livro) a questão da diferença/deficiência, em alguns de seus aspectos psicossociais.

Com efeito, esse campo profícuo de indagações, pesquisas e reflexões tem me remetido, também, à questão da participação dos meios de comunicação de massa e dos produtos culturais na perpetuação (ou não) de preconceitos, já que podemos sempre pensar no amplo conjunto de fenômenos que circunda essa questão central, como a órbita de um sistema estelar: sóis, planetas, satélites. Dependendo de qual elemento se elege como aquele que define a órbita dos demais, teremos sempre novos e novos desenhos.

Estamos, portanto, retomando alguns fenômenos psicossociais (discutidos no capítulo anterior) que circundam a questão da diferença: atitudes, preconceitos, estereótipos e estigma. Vale também frisar de que diferença se está falando: a deficiência, sendo aqui abordada por configurar-se pelo afastamento de um, digamos assim, tipo ideal.

Com efeito (como todos sabemos e tantos estudiosos têm apontado – por exemplo, Goffman, Velho e Foucault – e como já discutimos no capítulo inicial), cada sociedade elege um rol de atributos e/ou condições que configuram o "bom", o "certo", o "normal", o "adequado"... Enfim, aquilo que a comunidade identifica como um generoso espelho de si mesma – e que é ideologicamente perpetuado pelo grupo dominante. Aquilo que, em última instância, constituirá o substrato da qualidade das relações estabelecidas, ou a estabelecer, entre os depositários dessa idealização e os dela desviantes.

Sinteticamente falando, lembro que se pode pensar esse ideal-tipo, em nossa cultura, como: homem, jovem, cristão, heterossexual, física e mentalmente íntegro/perfeito; além de bonito, inteligente, empreendedor, economicamente favorecido, vencedor etc. Sendo que no *et cetera* incluem-se também valores extremamente móveis, dependendo de estratos específicos da população, bem como de momentos históricos determinados, como, inclusive, filiação a partidos políticos ou times de futebol!

Como psicóloga, e tendo como matrizes de conhecimento ora a psicologia social ora a psicologia do desenvolvimento, venho tentando organizar algumas ideias especialmente em relação aos fenômenos que antecedem o *et cetera* e, mais especialmente ainda, a esses fenômenos quando referidos à deficiência – como já está claro para o leitor.

Focalizo, portanto, a temática da comunicação em suas interfaces com a psicologia e a questão da diferença/deficiência.

Como já assinalou Ecléa Bosi (1989), das seis ordens de questões tradicionalmente referidas à comunicação – emissor, destinatário, mensagem, canal, código e contexto –, aos problemas relativos às duas primeiras correspondem as diversas abordagens psicológicas possíveis e, em especial, a da psicologia social. Claro está que a autora se refere à contribuição de cada área do conhecimento para a compreensão do fenômeno em sua complexidade.

Por outro lado, a mensagem e o contexto (passando a ser entendidos como especialmente indissociáveis da díade emissor/receptor) vêm a ter um interlocutor também na psicologia, a qual se apropria, por sua vez, de contribuições da semiologia, da teoria da informação, da poética, da psicanálise, da sociologia, da história, da economia, da política...

Assim, com a participação de pesquisadores de distintas áreas do conhecimento, há quase meio século inicia-se um movimento no sentido de incluir os produtos culturais como objeto de estudo referido também à questão das diferenças. A partir de 1960 esse movimento incipiente fortalece-se a olhos vistos, com o engajamento de mais e mais estudiosos: psicólogos, sociólogos, comunicadores, antropólogos, pedagogos, historiadores... Em termos mundiais há vasta bibliografia, abrangendo inúmeros países e áreas de conhecimento, girando em torno de questões de gênero, étnico-raciais, culturais, de faixas etárias, de opções sexuais, de deficiências etc. No Brasil, de forma geral, com um pouco de atraso, mas imbuídos dos mesmos objetivos, os pesquisadores lançaram-se com afinco em igual empreitada. E repetiu-se o paradigma mundial: questões de gênero, de etnias e raciais "estourando" na bolsa de valores tupiniquim. O índio, o negro, a mulher, o migrante, o homossexual, o doente mental, a criança, o velho e, mais recentemente, as pessoas com deficiências.

Mas o que se buscava? O que se busca ainda? Basicamente, como aponta Fúlvia Rosemberg (1975), referindo-se à literatura infantil e juvenil, têm sido dois os eixos de indagação. Um claramente referido ao processo de comunicação:

emissor / escritor / influenciador / mensagem / história / receptor / leitor / influenciado.

Procurando-se, sob esse ângulo de análise, a relação entre eles, os papéis de cada um, o processo de desenvolvimento da socialização como pano de fundo, a heurística (prescritiva ou proscritiva)...

No outro eixo há uma tentativa de apreensão do substrato sociológico impregnador dos produtos, ou seja, ideologia e mentalidade – com seu séquito: valores, preconceitos, estigma.

A proposta aqui é tentar não dicotomizar a questão, pensando uma relação dinâmica entre todos os fenômenos aí expressos, embora a ênfase recaia, em diferentes momentos, neste ou naquele eixo. Proponho, portanto, um trânsito entre ambos, lembrando a gênese dos fenômenos individuais (de caráter psicológico) nos fatos sociais, uma vez que, como salienta Ecléa Bosi (1983) – remetendo-se a Halbwachs –, a memória pessoal liga-se indelevelmente à memória do grupo e esta última à esfera da tradição, que é a memória coletiva de cada sociedade. Estamos, portanto, falando de representações engendradas ou mediadas pelo social.

Para falar delas podemos utilizar (numa linha durkheimiana) o conceito de representação coletiva; ou o de representação social (na abordagem inaugurada por Moscovici).

Sem me alongar nas fundamentais diferenças entre elas, trago, pela representação coletiva, a voz de Monique Augras (1970), que conceitua o fenômeno como o conjunto estruturado de ideias, atitudes e crenças que exprimem os valores de um grupo, incluindo desde o comportamento mágico e as crenças religiosas até os sistemas científicos. Ou seja, tudo aquilo que diz respeito a sistemas simbólicos, e sobretudo na medida em que mais estreitamente dependam dos mecanismos afetivos, pode ser incluído nas representações coletivas. Sua ação é, em última instância, a de controle e de investimento na permanência e/ou estabilização do status quo.

Para introduzir a representação social trago o próprio Moscovici. Esse autor enfatiza que a representação social é uma modalidade especial de conhecimento, que tem por finalidades a elaboração de comportamentos e a comunicação entre indivíduos. Enfatiza ainda que a representação de algo não pressupõe simplesmente o ato de repetir ou reproduzir esse algo (mesmo que de forma desdobrada), mas também o ato de reconstituí-lo ou modificá-lo. E diz ainda o autor que essas constelações intelectuais, uma vez fixadas, fazem-nos esquecer que são obra nossa, que têm começo e que terão um fim, que sua existência no exterior ostenta a marca de uma passagem pelo interior do psiquismo individual e social (Moscovici, 1978).

Por outro lado (?), para validar minhas buscas dessas representações nos produtos culturais, tenho me apoiado em vários autores, dentre esses Michel Vovelle (1987), o qual, dentre muitas teorizações importantes, sublinha que em sua evolução a abordagem das mentalidades passou de uma leitura do pensamento manifesto para um estudo sistemático também dos gestos e das atitudes, estes como "representações coletivas inconscientes dos homens".

Assim é que tenho pesquisado (às vezes superficialmente e às vezes em profundidade, como no caso de minha tese de doutorado sobre literatura infantojuvenil) desde fontes do folclore até as artes plásticas, passando pela mitologia, pela religião, pelo direito, pela literatura, pelo jornalismo, pela publicidade...

Embora meus estudos e reflexões estejam primordialmente voltados para o produto cultural, aqui entendido como "emissor/mensagem" - seja ele advindo do folclore, da arte ou dos meios de comunicação de massa –, é preciso lembrar que esse mesmo emissor, na figura de seus autores ou "porta-vozes" é, dialeticamente, receptor das mensagens (explícitas ou implícitas) de sua cultura. Ou seja, ao produzir uma obra, seu produtor pode fazer confluir (consciente ou inconscientemente) conteúdos "subjetivos/objetivos", "individuais/sociais", "internos/externos", "privados/públicos"... – ideia que já sublinhei na mencionada tese de doutorado (Amaral, 1992a).

Assim, quando digo da ênfase no emissor falo de um papel essencial desempenhado por este: o de "formador" de opiniões e atitudes. Quanto a ambas, gostaria de fazer, mesmo que brevemente, uma distinção fundamental que vem embasando minhas reflexões.

Ou seja, parto do pressuposto de que opinião se inscreve especialmente na esfera da racionalidade, estando organizada a partir de uma lógica argumentativa; atitude – entendida aqui como uma predisposição psíquica, quase corporal, anterior ao comportamento propriamente dito, conforme colocações anteriores – inscreve-se na esfera afetivo-emocional. Como já afirmei, não quero dizer com isso que racionalidade e emocionalidade sejam estâncias estanques, separadas, mas que são, isso sim, coloridas por tonalidades muito específicas.

E embora ambas constituam bases sólidas para os preconceitos e certamente para os comportamentos referidos aos fenômenos, grupos ou pessoas que desses preconceitos são alvos, cada uma delas poderá ter uma semântica e uma sintaxe próprias – congruentes ou não entre si.

Assim, a congruência ou não entre opinião e atitude é bastante variável, oscilando entre os polos de um hipotético gradiente. Ou seja, muitas e muitas vezes, por meio da contradição entre a ideologia e o comportamento espontâneo – para usar a já mencionada reflexão de Ariès (1985) –, podemos perceber a incongruência entre uma opinião (que, aliás, atualmente é conclamada a ser compatível com a camisa de força do "politicamente correto") e uma atitude preconceituosa.

Todo esse preâmbulo se fez necessário para introduzir, com maior embasamento, o tema proposto: "O imaginário infantil e a diferença: os meios de comunicação na perpetuação (ou não) de preconceitos", uma vez que as representações configuradoras desse imaginário – no caso específico de arcabouços das reações diante da diferença – são nosso ponto nodal.

Mas é ainda necessário, penso, pontuar mais dois aspectos importantes para a discussão subsequente.

O primeiro é que já faz parte do patrimônio da psicologia a compreensão de que na percepção interpessoal – e aqui, por extensão, na percepção de qualquer mensagem – aquele que percebe, longe de apenas apreender aquilo que lhe é apresentado (como uma simples antena direcionada), participa ativamente da percepção, atribuindo ao percebido significados próprios, mediante sua predisposição psíquica. Assim, o percepto refere-se, fundamentalmente, à relação entre percebido e percebedor.

Um outro aspecto ainda a ser mencionado é o de que, no decorrer do processo de interação/atuação entre o homem e a natureza, e exatamente como expressão disso, são criadas e desenvolvidas representações de si mesmo e do mundo que, dialeticamente, em muito definirão as próprias percepções de si mesmo e do mundo. Por esse e outros fatores, pode-se dizer que a percepção é sempre histórica e "datada" e, nesse sentido, está sujeita aos vieses a ela contemporâneos – em especial (assim como a própria ciência) à ideologia do grupo ou classe que a produz.

Explicito que ideologia aqui está sendo entendida (e estendida) como aquilo que, no dizer de Gramsci (1981), sendo uma concepção de mundo, manifesta-se implicitamente na arte, no direito, na atividade econômica... – em todas as manifestações de vida, individuais e coletivas. Portanto, por definição, nos meios de comunicação.

Voltando ao início, sublinho que meu recorte, neste capítulo, define-se pela exploração de elementos contidos na contribuição dos produtos culturais na formação das representações sobre a diferença e sobre os diferentes – portanto, no imaginário, e, portanto, ainda, no imaginário infantil.

Porém falar do imaginário infantil requer, novamente, o estabelecimento de algumas premissas e clarificação de alguns pressupostos, pois afinal o que é infância?

Malgrado desde sempre as pessoas terem tido 2, 3, 4 ou 10 anos, nem sempre houve a infância! Minha afirmação – temerária? – respalda-se na *História social da criança e da família*, de Philippe Ariès (1986), estudioso de irrefutável competência.

Com efeito, a "construção da infância" se dá contemporaneamente à Revolução Industrial, no século XVIII, tendo como ponto de partida a divisão binária e simplista de "adulto" e "não adulto" e com finalidade intrínseca do controle tanto daquilo que pode e deve ser dado a esse segmento como daquilo que dele é esperado. Cria-se, portanto, uma identidade coletiva à qual é atribuído um lócus e um *modus vivendi* específicos. A isso sucede-se a possibilidade real de controle e manipulação. Aliás, como vimos no Capítulo 1, a divisão binária "são/não são" tem também uma finalidade intrínseca de controle.

Mas voltemos à infância. Claro está que a "criação da categoria" infância tem o respaldo científico necessário à sua credibilidade. Mas claro está, também, que a apropriação desse "saber" nem sempre se rege pela ética da ciência ou do cientista. Uma deplorável e ardilosa decorrência disso é a "naturalização" da infância, com a consequente afirmação de que as crianças são desta ou daquela forma em função da "natureza" infantil. Nessa naturalização e a historicidade repousa a armadilha, que poderá aprisionar qualquer tentativa de mudança.

Em síntese, é preciso sublinhar que (do modo como configurada modernamente) na relação adulto-criança cabe ao primeiro a responsabilidade pela ótica da mensagem a ser transmitida, uma vez que em suas mãos repousa o poder decisório último. É, portanto, ao adulto que compete começar a alterar o rumo da história, no que concerne à construção social da diferença/deficiência. Alterar o rumo de uma história entranhada nos produtos culturais, que secularmente nos remetem a uma visão estereotipada e estigmatizante das diferenças, baseados talvez, inclusive, naquilo que Muniz Sodré (1971) chama de "sentido escatológico na cultura de massa brasileira". A esse respeito suas instigantes (e textuais) afirmações:

> *essas escatologias influem poderosamente na imaginação coletiva . . . e o grotesco parece ser, até o momento, a categoria estética mais apropriada para a apreensão desse "ethos" escatológico da cultura de massa nacional. Realmente, o fabuloso, o aberrante, o macabro, o demente – enfim, tudo que à primeira vista se localiza numa ordem inacessível à "normalidade" humana – encaixa-se na estrutura do grotesco. . . . A cultura de massa brasileira é o espelho que reflete o "id" e os demônios das nossas estruturas. É o espelho em que a sociedade se olha e se oferece como espetáculo. (Sodré, 1971)*

Finalmente, numa "associação livre" e tentando amarrar algumas das ideias até aqui compartilhadas, lembraria que muitos já disseram que qualquer forma de comunicação é "um espelho do que nos rodeia ou uma janela para o mundo mais amplo" – assim, a capacidade dos meios de comunicação para analisar e informar sobre pessoas, lugares e ideias é de tal ordem que a díade informação/comunicação vem, inclusive, sendo chamada de "Quarto Poder".

Parafraseando Bárbara Duncan (1990), eu diria que os meios de comunicação têm o poder de acelerar e facilitar o processo de aceitação e adaptação: utilizando esse poder incomparável para tornar familiar o desconhecido, a diferença pode chegar a ser desmistificada pelo público.

É a mesma autora quem nos ensina que há alguns anos, mais precisamente em reunião de 1982, a ONU fez interessantes sugestões no sentido da abordagem da deficiência pelos meios de comunicação, sugestões essas que passo a reproduzir, complementadas por alguns comentários meus:

1. Mostrar as pessoas deficientes numa variedade de situações sociais cotidianas: em casa, no trabalho, na escola, na loja... enfatizando a diferença apenas quando necessário. Com isso sublinha-se o que em comum essas pessoas têm com as demais.

2. Admitir a curiosidade natural (especialmente das crianças) e o ocasional incômodo nas relações mistas. Aqui trata-se de tornar familiar o que é desconhecido e, assim, tentar reduzir a distância social entre os representantes da "normalidade" e do "desvio". Aliás, estudos têm revelado com frequência que o contato misto é, em geral, evitado em função do desconhecimento e até mesmo do temor sobre o que essa relação demandaria. Nesse sentido as informações podem ser cruciais e o humor pode ser uma forma interessante de quebrar tal incômodo.

3. Incluir essas pessoas como parte da população em geral no âmbito dos meios de comunicação, além das situações em que sejam protagonistas. Ou seja, o surgimento como coadjuvante insere o deficiente no contexto mais amplo: "um a mais" em dada contingência, como o emprego ou o desemprego.

4. Buscar uma forma de retratar o diferente/deficiente que fuja dos estereótipos, como o de vítima (imagem comovedora, desamparada), o de herói (imagem corajosa, intrépida) ou o de vilão (imagem marginal, agressiva, criminosa).

5. Buscar terminologia com características descritivas e não valorativas, já que esta última pode tender (como vem acontecendo) a ser estereotipada, aviltante ou degradante.

6. Descrever os diferentes/deficientes no mesmo estilo multifacetado que os demais.

7. Mostrar êxitos e dificuldades (e não apenas um ou outro) de forma empírica, sem apelar excessivamente para o lado emocional da situação.

8. Veicular também informações que sejam significativas para essa parcela da população, por exemplo, direitos adquiridos, modos de reivindicações ou de fiscalização etc.

São alguns pontos que sinalizam de que formas os meios de comunicação podem colaborar para uma necessária mudança de mentalidade e, por definição, para uma mudança social que poderá levar os integrantes de grupos minoritários e/ou marginalizados ao exercício de cidadania, uma vez que um dos grandes obstáculos a isso se entranha nas frestas das barreiras atitudinais (preconceitos, estereótipos e estigma) tantas vezes perpetuadas por esses mesmos meios de comunicação.

Dessa aventura no futuro serão protagonistas os, hoje, receptores "infantis" das mensagens veiculadas e, amanhã, os adultos responsáveis pelo gerenciamento de suas próprias relações com a diferença e, quiçá, responsáveis até mesmo pela definição de políticas públicas a isso referidas – emissores, em última instância, de mensagens propiciadoras de duradouras mudanças. Teríamos, então, para retomar as reflexões iniciais, a passagem de uma "banalização" desfavorecedora para uma "banalização" favorecedora. Não é um pensamento desafiador?

Mas essa mudança de *status quo* pressupõe, ainda, uma "ressignificação" da deficiência. Tema de que nos ocuparemos a seguir.

9. O Cinto de Hipólita
Ressignificando a diferença nas relações sociais[1]

O nono trabalho coloca Hércules a serviço de Admeta, filha de Euristeu, que deseja o Cinto de Hipólita, cabendo ao herói trazê-lo. O cinturão havia sido oferecido por Ares (deus da guerra) à rainha das amazonas, como símbolo de poder e força. Após acidentada viagem, Hércules e seus guerreiros são recebidos carinhosamente pelas mulheres amazonas, contrariamente ao esperado. O encontro, portanto, é agradável e doce, pleno de hospitalidade. Mas Hera interfere, tomando o aspecto de uma jovem guerreira que, por meio de uma rede de intrigas, coloca Hércules como virtual raptor de Hipólita. Enraivecidas, as mulheres atacam o herói e sua comitiva. Sentindo-se vítima de traição, Hércules mata Hipólita e arrebata-lhe o cinto, que passa a ser usado por Admeta, a sacerdotisa.

Um primeiro ponto a assinalar nessa tarefa do herói é o fato de Hércules ter ido acompanhado por voluntários, o que nos remete à dimensão do não isolamento, ao compartilhamento de perigos e vitórias. Mas eu diria que não há o que desenvolver mais, pois esse aspecto é autoesclarecedor!

---

1 O Capítulo 9 inclui ideias desenvolvidas na mesa-redonda "Ressignificando a diferença nas relações antropológicas e sociais", por ocasião do 2º Seminário Nacional de Integração no Contexto Educacional, em agosto de 1994, em Florianópolis (SC).

Porém outras questões se apresentam, como: a inesperada hospitalidade das "opositoras", a rede de intriga, a traição, a brutalidade dos ataques mútuos... Seriam temas a explorar? Talvez. Mas (arbitrariamente) escolho voltar-me para a simbologia do próprio "objeto do desejo": o cinturão – motivo central da viagem –, pois as colocações dos estudiosos sobre esse aspecto são altamente instigantes. Vamos a algumas delas.

Por exemplo, Junito Brandão (1989) endossa (ao debruçar-se cuidadosamente sobre ele) o ângulo explorado por Chevalier e Gheebbranc. Sua leitura parece nos oferecer alguns contrapontos desafiadores, uma vez que enfoca uma questão (já discutida anteriormente) muito pertinente à temática da deficiência: a ambivalência.

Com efeito, esses autores comentam que o cinto aponta para diferentes formas de ambivalência. A principal delas refere-se a dois aspectos: por um lado, ao ser atado em torno do corpo, tem a função de (re)ligar o um individual ao todo cósmico – é, então, o elo que "dá maior segurança e tranquilidade, reanima, transmite força e poder". Por outro lado, ao ser símbolo de pertencimento o cinturão pressupõe "a submissão, a dependência e, por conseguinte, a restrição, escolhida ou imposta, da liberdade" (Brandão, 1989, p. 107). A ambivalência oscila, portanto, entre poder e submissão/castração.

Brandão nos lembra ainda (extrapolando o universo greco-romano) que na Bíblia o cinturão é, também, símbolo de união estreita e que a "composição simbólica do cinturão espelha a vocação de seu portador, configura a humildade e o poder, designando sempre uma escolha e um exercício de escolha" (Brandão, 1989, grifos meus).

Nessa tarefa de Hércules é especialmente importante sublinhar que, pelas mãos do herói, o cinto passa de um poder castrador (referido a Hipólita e à simbologia das próprias amazonas) para o poder da continência (referido à simbologia inerente à função e ao papel de sacerdotisa, personificados em Admeta).

Assim, para a discussão proposta neste capítulo, tomo a liberdade de me apropriar, como pano de fundo, de duas dessas questões: a ambivalência do próprio objeto/cinto e sua transposição de um poder castrador para um poder de continência.

Para corporificar essa ideia, proponho que se pense o "cinto" ligando realisticamente determinado indivíduo à sua deficiência e ligando-o ao todo: seu universo social.

E aqui podemos iniciar a discussão proposta neste capítulo, cujo título nos fala de "ressignificar" a diferença nas relações sociais. Por onde começar? Pela lógica formal (e usual), talvez devesse iniciar discutindo um pouco mais sobre a conceituação de diferença/deficiência, uma vez que ela é, de fato, o núcleo da frase, seu sujeito. Mas como isso já foi feito anteriormente, decido começar com uma digressão a respeito do verbo da sentença, mesmo porque, afinal, é ele que imprime (por definição) movimento e dinamismo à oração – como todo e qualquer verbo!

De início vejo-me frente a frente com o óbvio: quantas e quantas vezes nos apropriamos de determinada palavra (como componente de dado jargão acadêmico ou científico) sem nos determos para conhecê-la melhor, sem nos determos para desvendar um pouco mais seu caráter usualmente multifacetado. Penso que isso tem ocorrido com o termo "ressignificar" que, aliás, nem existe nos dicionários – descoberta de certa forma desconcertante, após anos de utilização!

De acordo com "mestre Aurélio", o prefixo "re" tem vários sentidos, nem sempre intercambiáveis: "movimento para trás", "repetição", "intensidade", "reciprocidade", "mudança de estado".

Por outro lado, o verbo "significar" é rico em definições, estas sim com um certo nível de similaridade e, portanto, de intercâmbio: 1) ter o sentido de, querer dizer; 2) expressar, exprimir; 3) ser sinal de, denotar; 4) dar a entender, mostrar; 5) ser, constituir; 6) traduzir-se por; 7) ser o símbolo ou a representação de; 8) fazer conhecer, informar, participar.

Assim, voltemos ao prefixo "re" e teremos, talvez, pistas muito interessantes a seguir – ou, no mínimo, um desafiador jogo de palavras e uma instigante provocação.

Quão distintos serão os sentidos de ressignificar se pensarmos em "movimento para trás", em "repetição", em "intensidade", em "reciprocidade" e em "mudança de estado"!!!

Vejamos cada um desses sentidos aliados à diferença em sua interface com as relações sociais – ou, se quisermos, humanas.

"Movimento para trás" nos leva a retrocesso. Ressignificar a diferença seria, talvez, voltar a antigas práticas (alicerçadas em significações plenas de ameaça e perigo) que, conforme já explorado, a própria história nos relata como tão vigorosas quanto cruéis: perseguição e extermínio dos diferentes – fossem eles bruxos, índios, judeus, homossexuais, doentes mentais, deficientes... Talvez voltar a não tão antigas (e até mesmo contemporâneas!) práticas, alicerçadas também em significações plenas de ameaça e perigo – falo da díade discriminação/segregação.

"Repetição" nos leva a cristalização. Ressignificar a diferença seria, talvez, persistir em significações seculares que, também historicamente, apontam para relações opacas ou distorcidas, em que o diferente encontra-se encoberto pelo biombo dos estereótipos a ele imputados, quer de vítima, quer de herói, quer de vilão – nunca pessoa. Nos leva a estigma. Nos leva à des-humanidade da pessoa diferente/deficiente. Nos leva à des-identidade ou, no mínimo, nos leva a uma identidade forjada de fora para dentro, de "cima" para "baixo".

"Intensidade" pode nos remeter à ideia de que se faz necessário ampliar a magnitude da significação da deficiência, alargando as fronteiras de seus sentidos, aprofundando cada vez mais a sonda na busca de novas denotações. A falácia do "somos todos deficientes" ou seu oposto (?), "somos todos iguais", tem sido um exemplo disso. Tanto uma como outra podendo encaminhar para o estabelecimento de relações metafóricas (e aqui, mais uma vez, deixando de lado a pessoa e a deficiência em seus dimensionamentos reais). Ou, pior ainda, podendo encaminhar para a megassignificação daquele que é diferente, sublinhando a diferença – e, por conseguinte, superdimensionando o abismo nas relações mistas, para usar a expressão de Goffman, entre diferentes e não diferentes.

"Reciprocidade" nos leva a significados intercambiáveis, à sinonímia. Ou seja, a sentidos irmãos. Assim, ressignificar nada mais seria que mudar os rótulos, mantendo intacta a representação da diferença: de debilidade ou idiotia ou imbecilidade à excepcionalidade, à deficiência mental leve ou moderada ou severa, ao atraso no desenvolvimento, às necessidades especiais etc., e, por extensão, mantendo intacta a qualidade das relações estabelecidas sobre as bases de uma leitura maniqueísta, em que ao diferente/deficiente cabe o lugar do frágil, do incompleto, do inferior; e ao não diferente/deficiente o lugar do forte, do pleno, do superior...

Finalmente "mudança de estado" (interessantemente a última das definições de mestre Aurélio) nos leva ao que, de fato, buscamos: alteração do *status quo*.

E que *status quo* é esse a ser alterado? O da hegemonia do estigma que, como já vimos, usualmente acompanha a significação da diferença/deficiência em nossa cultura, em nossa sociedade, em nosso cotidiano, impregnando as relações estabelecidas (e até mesmo as ainda a estabelecer) entre pessoas com diferenças/deficiências e aquelas que correspondem (direta ou indiretamente, explicita ou implicitamente) ao mencionado tipo ideal.

Alterar o status quo das relações que se baseiam na dicotômica e temerária distinção/contraposição "nós" (brancos, cristãos, física e mentalmente perfeitos, eficientes... plenos) e "eles" (negros, judeus, loucos, deficientes... falhos).

Ressignificar a diferença/deficiência constitui-se, em realidade, num incomensurável desafio. Representa um movimento no sentido de desadjetivar ("des" como prefixo que indica ação contrária) o substantivo diferença, que tem sido profundamente impregnado de conotações pejorativas quando aliado à questão da deficiência.

Insisto: desadjetivar a deficiência é um caminho. Ou seja, ser diferente não é ser melhor ou pior; a diferença não é boa ou ruim, maléfica ou benéfica, para usar a terminologia de Laplantine (1991), aviltante ou enaltecedora. A diferença/deficiência simplesmente é.

Tornar-se consciente e, em consequência, poder eventualmente abrir mão dos já discutidos mecanismos psicológicos de defesa, como o de negação (seja simulando, atenuando ou compensando), pode ser uma forma de desadjetivar a diferença. Com efeito, como vimos, nos mais corriqueiros momentos de interação e comunicação humana – estando presente o fenômeno da diferença/deficiência – pode ocorrer o mecanismo de negação, nas formas mencionadas.

Por outro lado, conhecer e refletir sobre a parcela de construção social da diferença/deficiência, que se dá pela perpetuação de preconceitos, estereótipos e estigma, pode ser outra.

Quais os veículos usuais dessa construção social da diferença/deficiência? Dessa perpetuação do estigma? Poderíamos dizer (como aliás já foi dito) que todas as formas de criação/manutenção de representações sociais. E poderíamos, mais uma vez, salientar os produtos culturais em geral e, particularmente, os meios de comunicação de massa: imprensa, rádio, televisão, publicidade... – como discutido brevemente no capítulo precedente.

Poderíamos enfatizar, ainda, o papel da ciência, nem sempre alvo de uma reflexão crítica por parte de seus construtores – uma ciência tantas e tantas vezes preconceituosa e perpetuadora de estigma: em suas definições rançosas e estáticas; em suas conceituações aprisionantes; em suas categorizações rígidas, mais voltadas para os "déficits" que para as potencialidades... Mas poderíamos também enfatizar os desenhos relacionais em suas diversas modalidades – especialmente nas relações entre profissionais, prisioneiros de seus "discursos competentes" (lastreados nessa ciência tão assiduamente acrítica), e os usuários de serviços e equipamentos...

O fato é que indissociáveis, ambos – mecanismos psicológicos de defesa e ideologias defensivas – podem, e muitas vezes precisam, ser entendidos como reações a situações de ameaça e perigo inerentes, simbolicamente, à presença do desconhecido, do estranho, do novo, do diferente, do deficiente.

Lembremos mais uma vez que é essa sensação de ameaça e perigo que aciona os mencionados movimentos de ataque (levando até ao extermínio) ou fuga, sendo a rejeição desencadeada diante da diferença uma de suas manifestações. Dessa rejeição (explícita ou implícita, inconsciente ou inconfessa), relembro, podem emanar, nas relações sociais, posturas de abandono, superproteção ou negação da própria diferença/anormalidade.

Por outro lado, Canguilhem (1990) nos lembra que o grande mal-entendido presente na questão da normalidade/anormalidade ou da anomalia (ideia principal subjacente ao próprio conceito de diferença/deficiência) advém em parte de outro grande malentendido, este etimológico: anomalia vem do grego *anomalia*, que significa desigualdade, aspereza; *omalos* designa o que é uniforme, regular, liso. De modo que anomalia é, etimologicamente, *an-o-malos*: o que é desigual, rugoso, irregular, no sentido que se dá a essas palavras, por exemplo, ao falar de um tecido.

Diz o autor que, todavia, frequentemente houve enganos a respeito da etimologia do termo anomalia, derivando-o não de *omalos* mas de *nomos*, que significa lei – e lei e norma significam sempre (no sentido aqui comentado) a presença de julgamento, de apreciação, de valores, enfim.

Penso que contrapor uma leitura descritiva da diferença/deficiência à milenar interpretação valorativa poderá subsidiar relações sociais menos metafóricas, mais transparentes e realísticas.

E, como tenho dito (Amaral, 1988) – e aqui repito –, relações limpas não caminham para patologias relacionais crônicas, não são falsificadas e, portanto, não são, em si, geradoras de sofrimento.

Ressignificar a diferença talvez nada mais seja que lhe dar o sentido de um fato a ser descrito (ou "querer dizer", "expressar", "exprimir", "denotar", "dar a entender", "mostrar", "traduzir-se por"; "ser o símbolo ou a representação de", "fazer conhecer", "informar", "participar" – para abarcar todos os sentidos enumerados por mestre Aurélio).

A ausência intrínseca de adjetivação valorativa da diferença (nem boa ou ruim, nem benéfica ou maléfica...) pode levar, em consequência, a relações despidas de hierarquia entre aqueles que são diferentes/deficientes e os que não o são (nem menos ou piores, nem mais ou melhores, nem falha ou plenitude...).

Enfim, relações que impliquem encontro de identidades – relações que serão então, e só então, frutos de uma verdadeira e profícua ressignificação da diferença.

Ou seja, relações que impliquem o uso do Cinto de Hipólita pelos diversos protagonistas da situação vivencial, "espelhando suas vocações", fazendo-os viver seus papéis/funções num universo relacional (quem sabe) mais impregnado de escolha que de castração, mais imbuído de humildade que de "poder de domínio", mais pleno de segurança que de submissão.

Para terminar, e confessando não resistir à tentação de uma brincadeira/trocadilho, proponho uma nova questão, já que em minhas leituras descobri, ainda, que o cinturão é, no dizer de Junito Brandão, "apotropaico" - ou seja, um amuleto protetor, que afasta seu usuário dos "maus espíritos". Pensando na própria ambivalência, pergunto: poderia ser também um "aproximador dos bons espíritos"?

Visto que este livro se destina, em especial, a estudantes e profissionais, não seriam estes, no exercício de suas funções, os eventuais usuários do "amuleto aproximador dos bons espíritos"?

Penso que a atuação profissional junto a pessoas com deficiência é tema a ser abordado, mesmo que superficialmente. A isso me proponho no próximo capítulo.

10. Os Bois de Gerião
Grade preventiva e intervenção profissional

Gerião é um monstro com tríplice corpo de gigante até os quadris e três horrendas cabeças. Tem um rebanho de bois vermelhos, que confia ao pastor Eurition e a Ortro, terrível cão de múltiplas cabeças e dorso de serpente. A tarefa de Hércules é levar para Micenas os Bois de Gerião. Sua viagem de ida é atribulada, mas repleta de vitórias. Ao chegar finalmente ao lugar desejado é atacado por Ortro, mas vibrando a maça, e com golpe certeiro, matao e, em seguida, a Eurition, o pastor. O gigante acorre em defesa dos animais, mas sucumbe trespassado pelas setas do herói. A viagem de volta não é menos perigosa, porém Hércules consegue manter reunida parte significativa do rebanho, entregando-o a Euristeu, que sacrifica, em honra a Hera, os últimos bois de Gerião.

Dentre as possíveis analogias sugeridas por essa tarefa de Hércules, escolhi trabalhar inicialmente sobre aquela que remete às incontáveis dificuldades encontradas pelo herói, tanto em seu percurso de ida como de volta.

De acordo com os especialistas, o primeiro obstáculo de monta enfrentado por Hércules foi a travessia do oceano – para isso o herói utiliza a própria Taça do Sol, de propriedade de Hélio. Como já pensamos a luz como sabedoria, como conhecimento, creio que esse nível da analogia – a captura da própria fonte/continente – fala por si mesmo.

A esse primeiro e grande obstáculo seguem-se sucessivos enfrentamentos de monstros e sucessivas vitórias. É possível correlacionar a essa sequência de obstáculos muitos dos aspectos (ou quase todos?) até aqui compartilhados: desvio, divergência, percurso conceitual, situação crítica, impacto familiar, aceitação ativa, integração, mecanismos de defesa, preconceitos, estereótipos, estigma, meios de comunicação...

Em relação a essa série inicial de obstáculos à tarefa de Hércules, vale enfatizar que culmina com a derrota dos guardadores do rebanho e do próprio Gerião. Quanto a este, os estudiosos apontam sua destruição como a vitória de Hércules sobre três formas de perversidade: vaidade, domínio despótico e devassidão.

Excluindo esta última, penso que as outras duas oferecem instigantes ideias, quando se pensa no exercício profissional (uma das facetas deste capítulo) junto a pessoas com deficiência, especialmente quando esse profissional é visto como "bom", "abnegado", "idealista", "sacerdote"...

Com efeito, por algumas características de nossa cultura, muitas vezes o trabalho efetuado junto a integrantes de grupos minoritários ou estigmatizados reveste-se de uma "aura" (ranço inegável da já discutida visão eivada de paternalismo e assistencialismo), aura essa que, num certo sentido, envaidece o profissional. Mas que, por outro lado, pode vir a ser pesado fardo no exercício de suas funções.

Além disso, a própria experiência da "plenitude", a própria idealização de si mesmo, podem configurar outra armadilha a que o técnico está sujeito. Ou seja, a "diminuição intrínseca" – e psicossocialmente construída – do usuário dos serviços pode servir para a "ampliação intrínseca" do prestador desses serviços, facilitando um eventual "domínio despótico".

De início bastante sedutora, essa configuração pode, igualmente, tornar-se pesado fardo, pois impeditiva da entrada em contato com suas próprias e humanas limitações.

Ademais, esses dois aspectos podem, no mínimo, facilitar uma desvalorização técnica e um aviltamento salarial dos profissionais!

Todavia, essas são questões complexas e polêmicas que precisariam de uma discussão aprofundada. Porém como os objetivos (e os limites) deste texto apontam mais para um mapeamento e uma problematização do que para um aprofundamento dos diversos temas, deixo este aspecto para reflexões do leitor.

Uma terceira possibilidade analógica nos remete à simbologia do próprio rebanho que, segundo Brandão (1989), sinaliza dois sentidos: um religioso e um social. Ambos, por sua vez, falam de uma posse cobiçada, uma vez que naqueles tempos, mais do que os usuais tesouros, o rebanho significava riqueza (aliás, segundo esse autor, "pecúnia" e "pecúlio" derivam de *pecus*, rebanho).

Ora bem, de que "posse cobiçada" estamos falando neste contexto? Eu diria que da posse de um "saber" e de um "saber fazer" que contenham, em si, possibilidades de minimizar as consequências da deficiência e maximizar os potenciais de seus portadores. Falo, portanto, de prevenção.

Para discutir esse tema, e sua intersecção com os momentos e os lugares de atuação de profissionais, é interessante relembrar algumas das questões levantadas no Capítulo 3, quando expus a conceituação atual do complexo fenômeno da deficiência.

Ou seja, naquela oportunidade explorei o usual encadeamento entre deficiência, incapacidade e desvantagem, de acordo com o modelo proposto pela OMS. Agora tentarei articulá-lo aos diferentes níveis de prevenção, os quais configurarão, em última instância, o binômio tempo/espaço de intervenção.

Para isso faz-se necessário, inicialmente, sintetizar o próprio conceito de prevenção, como aqui entendido. Isso será feito a partir de colocações de Caplan (1980), Organização Mundial de Saúde (WHO, 1980) e outros autores, entre os quais me incluo (Amaral, 1992a; 1994b).

Prevenção primária apoia-se num conceito social, pois remete aos esforços para redução da taxa de novos casos, por medidas saneadoras que visam atingir não uma dada pessoa, mas a população como um todo. São aqui incluídos os chamados "fatores do meio" e "fatores do hospedeiro".

Da prevenção secundária diz-se que esta se refere a programas e procedimentos que visem reduzir a taxa de prevalência na população de risco, bem como diminuir as consequências de um distúrbio ou doença já instalados.

A prevenção terciária engloba os esforços no sentido de enfaticamente minimizar os efeitos do distúrbio ou, dito de outra forma, otimizar os potenciais residuais após a instalação do distúrbio. A reabilitação é o enfoque individual dentro da prevenção terciária, ficando este último termo preferencialmente restrito a atuações em grande escala, que visam manter o indivíduo imerso em sua rede social por meio de apoio logístico etc.

Assim, pode-se distribuir, *grosso modo*, os níveis de prevenção em relação à deficiência como no Quadro 10.1.

Deficiência *Impairment*	vacinação saneamento básico assistência materno-infantil segurança do trabalho	PREVENÇÃO PRIMÁRIA
Incapacidade *Disability*	gravidez de risco bebê de risco diagnóstico precoce rápido encaminhamento estimulação	PREVENÇÃO SECUNDÁRIA
Desvantagem *Handicap*	Em termos individuais: reabilitação propriamente dita Em termos sociais, conscientização para: barreiras arquitetônicas barreiras atitudinais (integração social *lato sensu*)	PREVENÇÃO TERCIÁRIA

Quadro 10.1 Níveis de prevenção à deficiência

Esclareço, todavia, que esse meu entendimento não é fechado e, muito menos, de consenso. Por exemplo, no "Programa Mundial de Ações Relativas às Pessoas Deficientes" da ONU, vemos que "reabilitação" e "barreiras físicas ou sociais" são itens separados, tendo esta última recebido a denominação de "equiparação de oportunidades":

> *Reabilitação significa um processo orientado para um objetivo e limitado no tempo que visa tornar a pessoa deficiente capaz de atingir o melhor nível mental, físico e/ou social possível, fornecendo-lhe, para o efeito, os meios para transformar a sua vida. Pode abranger medidas que tenham por objetivo compensar a perda de uma função ou de uma limitação funcional (por exemplo, através de ajudas técnicas) e outras. . . . Equiparação de oportunidades é um processo através do qual o sistema geral da sociedade, tal como o ambiente físico e cultural, a habitação e os transportes, os serviços sociais e de saúde, as oportunidades de educação e trabalho, a vida cultural e social, incluindo as instalações desportivas e recreativas, se tornam acessíveis a todos. (ONU, 1984, p. 10)*

Posição semelhante tem Demetrio Casado (1990, pp. 117-119; 1991, p. 66), diretor executivo do Real Patronato de Prevención y de Atención a Personas con Minusvalia, da Espanha.

De qualquer forma, mantenho-me atualmente fiel ao entendimento inicial proposto e sublinho que é na prevenção terciária que se encontra o enfrentamento das barreiras arquitetônicas e atitudinais – constitutivas das próprias barreiras psicossociais.

Aliás, como diz Barbara Duncan (1990), o duplo obstáculo que a maioria dos deficientes enfrenta concretiza-se nas barreiras arquitetônicas e nas atitudes – cada um desses obstáculos podendo isolar, e de fato isolando, milhões de pessoas, pois "formam um muro de crueldade e indiferença, mas, tijolo a tijolo, a comunidade está reduzindo o obstáculo das barreiras arquitetônicas e chegou o momento de concentrar idêntica atenção ao obstáculo das atitudes" (p. 21).

Embora esse tema seja de meu profundo interesse, como aliás o leitor percebeu há muito, penso que já foi discutido anteriormente. Resisto, portanto, à tentação de voltar a ele mais uma vez e me disponho a continuar o percurso proposto.

Assim, passo a discutir algumas facetas da interface prevenção/intervenção.

Início pela prevenção primária, que contempla questões relacionadas à deficiência em seu primeiro aspecto, ou seja, o *impairment*: vacinação, saneamento básico, assistência materno-infantil, segurança no trabalho...

Nesse âmbito incluem-se atuações profissionais bastante variadas e, idealmente, articuladas: desde equipes de saúde pública até publicitários, passando por planejadores e executores de diferentes políticas, campanhas e funções/tarefas. Trata-se de uma multiplicidade que deveria prescindir de hierarquia cristalizada, ou seja, prescindir de uma escala de "valorização" profissional – o que infelizmente nem sempre (ou quase nunca?) acontece!

Seria também difícil distinguir, dentre os aspectos da prevenção primária, qual o "mais relevante", uma vez que todos eles se revestem de igual importância e todos eles são altamente dependentes de aspectos estruturais e conjunturais.

Assim, mesclam-se fatores ligados tanto à vontade política quanto à capacitação profissional; tanto à realidade econômica do país quanto ao oferecimento de serviços de qualidade; tanto à condição de pobreza da população quanto à indigência de valores humanos nas esferas decisórias; tanto ao "capitalismo selvagem" quanto à prevalência do "levar vantagem em tudo"; tanto à "docilidade" da população quanto à truculência civil e militar; tanto à ignorância do trabalhador quanto à eventual sede de lucro de parte do empresariado...

Mas, por outro lado, é preciso também pontuar ações que vão paulatinamente incrementando o nível de prevenção primária em nosso país, como é o caso da vacinação sistemática da população infantil, que permitiu, por exemplo, a erradicação da poliomielite.

Finalmente gostaria de lembrar que nesse segmento preventivo (como também nos demais) o papel da informação é de inestimável valor, uma vez que, como muito bem enfatiza Marta Gil (1993), esse é um "produto de primeira necessidade" e não deve ser confundido com mera disponibilidade de dados, pois informar significa "dar forma, a uma ação" (pp. 356-359).

Assim, a contribuição de profissionais da área de comunicação, seja imprensa, cinema, rádio, TV, publicidade..., tem sido cada vez mais frequente, e desnecessário é sublinhar sua relevância.

Quanto à prevenção secundária, referida à incapacidade propriamente dita, a *disability* (gravidez de risco, diagnóstico precoce, rápido encaminhamento, estimulação...), os profissionais mais atuantes são aqueles ligados às áreas de saúde e de educação.

Cabe salientar o papel decisivo da equipe médica e dos profissionais de áreas afins, como enfermeiros, fisioterapeutas, terapeutas ocupacionais, psicólogos, fonoaudiólogos, assistentes sociais, pedagogos... Esse papel é decisivo tanto na colaboração para redução da taxa de prevalência, quanto no diagnóstico precoce, como no encaminhamento a equipes e serviços necessários para a diminuição das consequências da deficiência.

Além disso, a forma como esse diagnóstico é transmitido à pessoa e/ou familiares é de não menor importância, como assinalam inúmeros estudos, projetos e pesquisas. Dentre eles merece destaque o Projeto Momento da Notícia da Apae, já mencionado no Capítulo 4.

Apenas a título de ilustração, transcrevo a seguir trechos de dois depoimentos de mães atendidas pela assistente social Mina Regen e sua equipe (Regen, 1993), os quais demonstram a importância da forma de transmissão do diagnóstico:

> *"Ih! É um mongolóide." Ele não me mostrou a criança e eu fiquei muito mal, quase desmaiando de susto. Eu não sabia o que era "mongolóide", mas o que me veio à cabeça foi a imagem de um boneco de neve mal acabado . . . só conseguia chorar . . .*
>
> *O médico me trouxe o bebê no colo . . . e foi me mostrando alguns sinais que poderiam indicar que Ana teria a Síndrome de Down. . . . Apesar da angústia ante a notícia, fiquei emocionada com o carinho que o médico mostrou em relação à minha filha,*

preocupando-se em responder a todas as minhas dúvidas. O tempo todo ele acariciava Aninha... (pp. 13-15)

Penso que os depoimentos falam por si mesmos!

Voltando ao "rápido encaminhamento" a equipes e serviços, gostaria de salientar a importância da estimulação do bebê com deficiência, seja física, mental ou sensorial.

Usualmente (mas não idealmente) chamada de "precoce", a estimulação configura-se como excelente forma de intervenção no sentido, como já dito, de diminuir as consequências da deficiência.

Ao leitor interessado em aprofundar seus conhecimentos sobre estimulação, sugiro que busque os numerosos estudos e pesquisas que versam sobre esse tema, efetuados por profissionais de diferentes segmentos das áreas de saúde e educação. Da mesma forma, podem ser úteis visitas a serviços oferecidos por instituições, públicas ou privadas, para familiarização com as alternativas de procedimentos.

Em relação à prevenção terciária, que em nosso contexto refere-se às intervenções que visam diminuir a desvantagem (*handicap*) decorrente da deficiência/incapacidade, minimizando os efeitos e otimizando o potencial residual, vale sublinhar que pelo lado individual refere-se ao processo de "reabilitação" propriamente dito – para alguns profissionais "habilitação", considerando-se, então, o quadro, a idade... (aquele conjunto de fatores discutidos no Capítulo 5, que chamei: o que, quem, quando, onde etc.).

Nesse âmbito da prevenção terciária são (mais uma vez) de fundamental importância os já mencionados profissionais da área de saúde e de educação, sejam ou não especialistas, pois (como vimos quando da discussão da integração) cada vez mais espera-se a participação de profissionais não especialmente dedicados à questão da deficiência, como é o caso de professores regentes de classes regulares, professores de educação física ou artística, pediatras, pedagogos, psicólogos...

Quanto aos aspectos sociais da prevenção terciária, que estão referidos à conscientização da existência de barreiras atitudinais, bem como sua eventual superação, creio já tê-los discutido nos capítulos anteriores e na amplitude possível para o presente texto e contexto.

Em relação às barreiras arquitetônicas – embora estejam ainda colocando-se diuturnamente no caminho das pessoas com deficiência: na educação, no trabalho, no lazer –, têm sido feitos esforços no sentido de eliminálas. Esforços esses que emanam tanto de indivíduos como de organizações que lutam por seus direitos, os quais, por medidas jurídicas, tentam fazer prevalecer o princípio da equidade.

Em função dessas ações e de uma paulatina sensibilização dos poderes públicos, já podem ser colhidos alguns frutos concretizados em legislações e medidas referidas à acessibilidade e/ou mobilidade em edificações públicas, transportes coletivos etc. Para isso colaboraram engenheiros, arquitetos e advogados, além dos profissionais tradicionalmente ligados à temática.

Fizemos, aqui, um rápido reconhecimento do "rebanho/posse cobiçada": do "saber" e do "saber fazer" que, aliando-se à proposta preventiva, contemplam a questão da deficiência de um ângulo cada vez mais atual e promissor, pois intrinsecamente voltado para a clarificação dos limites e maximização de potencial. Para quê? Para desalojar políticas de discriminação e segregação. Para subsidiar políticas de integração. Para subsidiar uma vida mais plena: "amando e trabalhando".

11. O Cão Cérbero
Voltando à integração: "amar e trabalhar"

Cão Cérbero é um animal medonho, de três cabeças, pescoço e dorso eriçado de serpentes, cauda de dragão, filho de Tijão e Equidna, guarda implacável dos Infernos. A 11ª tarefa de Hércules, que está cansado e triste, é levá-lo para Euristeu. O mundo dos mortos é sombrio, cheio de sofrimentos, desprovido de esperanças. Após várias peripécias, Hércules chega à presença de Perséfone e de Hades, o senhor dos mortos. Deste recebe o consentimento para levar Cérbero para Micenas, desde que não use nenhuma de suas armas, protegendo-se apenas com a pele do leão. De mãos vazias Hércules enfrenta Cérbero, agarrando-o pelo pescoço e dominando-o. Apesar de defender-se picando Hércules com seu afiado ferrão, o monstro acaba subjugado. Em Micenas o rei Euristeu, apavorado com a presa, esconde-se novamente no vaso. Finalmente, não sabendo o que fazer com Cérbero, devolve-o a Hades.

A primeira associação que me ocorreu foi a do "parentesco" ("irmandade", dizem alguns autores) de Cérbero com o Leão da Nemeia – coadjuvante em nossa primeira tarefa/capítulo.

Estaríamos, pois, caminhando para o fechamento do círculo, voltando ao ponto de partida? A cronologia usual dos "Trabalhos de Hércules" nos diz que sim. Mas foi interessante constatar que em diferentes fontes esta é às vezes a penúltima e às vezes a última das tarefas do herói! Seja como for, estamos realmente chegando ao fim da jornada proposta.

Mas uma outra analogia (naturalmente dentre as incontáveis e virtuais possibilidades) me ocorreu: o "aprofundamento" de Hércules, simbolizado, por um lado, por sua viagem ao próprio inferno, nas entranhas do mundo e, de certa forma, em outra dimensão; por outro lado, o "aprofundamento" em suas próprias capacidades, embora também protegido por uma capa de força advinda, paradoxalmente, do antigo e inicial opositor: o "irmão" de Cérbero.

A terceira analogia foi decorrente dessa: o enfrentamento de "mãos vazias". "Mas o enfrentamento de quê?", o leitor poderá estar se perguntando. Eu diria que aqui penso no enfrentamento da *vida*, pois o enfrentamento da deficiência já foi alvo de nossas incursões, quando discuti a "aceitação ativa".

"O que da vida?", continuaria, talvez, a perguntar-se o leitor. Afinal tudo é vida, em tudo há um "enfrentamento" da vida. Sim, é verdade, mas existem alguns momentos em que isso se faz especialmente presente. Existem momentos em que as mãos estão simbolicamente vazias, pois as "armas", os "instrumentos", "as ferramentas" conhecidos não se mostram adequados, suficientes mesmo.

Dei, então, por "encerrada" minha exploração de facetas do episódio que encaminhassem para analogias, mesmo porque tudo isso parecia tão fascinante que correria o risco de abandonar minha própria tarefa!

Mas, não, ainda não estava encerrada essa faceta de meu "trabalho", pois era como se do fundo de minha mente uma vozinha murmurasse: "Você está se esquecendo de uma coisa muito importante!". E estava mesmo. Estava deixando de lado uma correlação instigante: mais uma vez o rei Euristeu deixa-se tomar pelo medo e mais uma vez esconde-se no vaso – tal e qual quando da chegada de Hércules com o Javali de Erimanto. Aliás, se o leitor se recorda, nessa tarefa o herói inicia a substituição da força pela sabedoria!

Diria então que pensar a integração pode nos remeter a estas duas grandes e opostas estratégias: enfrentar com sabedoria ou esconder-se de medo. Assim, a sociedade teria a possibilidade de "escolher" entre trabalhar com essa questão de forma aberta, sábia, sem armas ou de forma enclausurada, amedrontada, defendida.

As analogias iam se apresentando, e percebi que (assim como nas outras tarefas) precisava encontrar uma forma mais "concreta" de discutir o ângulo que me propusera.

E a escolha "fez-se por si mesma": aprofundar (ou retomar?) algumas das questões levantadas no capítulo em que foi discutida a temática da integração social. Especialmente porque é exatamente na integração que se apresentam muitos dos aspectos psicossociais que justificam nossa viagem conjunta.

Tendo traçado esse objetivo, tive necessidade de pensar em como fazer isso da forma mais "operacional", ou, digamos, mais "econômica". Aí algumas possibilidades de recorte surgiram. Seria pelos diferentes aspectos vivenciais: educação, trabalho, lazer, cultura? Seria por meio dos diferentes momentos do processo de desenvolvimento humano? Seria pelas alternativas institucionais?

Pensando na necessidade de "simplificar" a questão, em virtude das modestas pretensões deste texto, acabei, afinal, por tentar o recorte pela articulação de alguns dos eixos acima levantados.

E essa articulação foi pensada no sentido de entrecruzar desenvolvimento (mais especialmente a adolescência) com os aspectos de afetividade/sexualidade e direcionamento profissional.

Por quê? Por um lado, porque a adolescência pode ser vista como um momento-chave no processo de desenvolvimento do ser humano, por várias razões, mas especialmente por referir-se a um momento de solidificação da identidade. Por outro, por entender que "amar e trabalhar" configurariam não só o "homem normal" de Freud, mas também porque configurariam grandes "nós" no real engajamento social da pessoa com deficiência em nosso contexto cultural.

Inicio as reflexões lembrando (ou insistindo?) que a deficiência pode e deve ser vista como fenômeno multifacetado, o mesmo ocorrendo com a adolescência – ambas e cada uma delas impregnadas de denotações e conotações. Assim, pode-se dizer que os conceitos a elas referidos e suas respectivas definições apontam, inexoravelmente, para as circunstâncias e contingências em que são engendradas.

Para introduzir a temática proposta no que se refere à adolescência, gostaria de enfatizar que inúmeros autores, em diferentes épocas e contextos, têm se referido à adolescência como um momento de crise.

Contrariamente a essas posições, venho pensando a adolescência como um momento de "situação crítica" (nos moldes da discussão levada a cabo no Capítulo 3: situação, previsível ou imprevisível, caracterizada por uma perturbação aguda e frequentemente longa, que pode ocorrer em um indivíduo ou grupo, como resultado de contingência emocionalmente incerta).

Ou seja, estou pensando a adolescência como uma situação crítica previsível (inserida num dado momento do desenvolvimento humano "típico", mas sugerindo algum nível de reorganização psíquica acompanhada muitas vezes de sofrimento psicológico) acoplando-se à deficiência que, em sua origem, teve o caráter de imprevisibilidade. Além disso a deficiência dará, de uma ou de outra forma, um colorido "atípico" à adolescência (e vice-versa).

Vários autores vêm apontando esse momento existencial como de "luto" para o adolescente: luto pelo corpo infantil perdido, luto pela perda dos papéis infantis e luto pela "morte" dos pais da infância. Alguns autores acrescentam a "contraface" desse fenômeno: os pais, por outro lado, vivendo também a situação de luto, ao perderem seus "empregos" materno e paterno, como delineados nos primeiros anos de vida de seus filhos.

O "corpo infantil perdido" está claramente relacionado ao aspecto biológico da adolescência (aqui entendida como fenômeno biopsicossocial), uma vez que a pubescência, e posteriormente a puberdade, trazem drásticas mudanças na esfera corporal, seja pelo surgimento de caracteres sexuais secundários, seja pelas novas proporções estruturais, seja pela menarca ou pela possibilidade de fertilização por espermatozoides vivos.

Dentre as perdas pelos "pais da infância", valeria destacar aquela remetida à segurança que emana de pais "grandes, fortes e poderosos".

Os "papéis infantis", especialmente em sua interface com a dependência e a não autonomia, são substituídos por um desempenho social que inclui a "cobrança" de seus opostos: independência e autonomia. Além disso, e talvez principalmente, a adolescência pressupõe a consolidação da identidade.

Essa, aliás, é a ideia central na proposta de Erikson (1972), que, ao nos falar do desenvolvimento do ser humano, desde o nascimento até a morte, nos fala da adolescência como o momento de consolidação da identidade.

Com efeito, o autor aponta essa fase como de integração de passado e presente e como "promessa" de futuro. E diz mesmo que se desejássemos escolher uma frase que sintetizasse os sentimentos do adolescente essa seria "Sou aquilo que posso integrar": experiências, desejos, expectativas... O real e o virtual formando uma preciosa ponte entre o "aqui-agora" e o "lá-então".

Além dessa configuração central do momento adolescente, Erikson pontua algumas questões, das quais selecionei as que me pareceram especialmente pertinentes neste contexto. São elas:

- o jovem vendo-se "às voltas" com o novo corpo;
- grande preocupação com a aparência, com o que aparenta;
- preocupação com a associação ao momento atual dos papéis vividos até então e das habilidades desenvolvidas anteriormente;
- a busca de identidade e coerência, podendo levar à designação de adversários ou à eleição de ídolos;
- forte apego ao espírito de clã;
- oscilação entre a moral infantil e a ética adulta...

A essas colocações sobrepõem-se algumas questões para reflexão:

- Como fica, aqui, a experiência do corpo diferente/deficiente da pessoa com deficiência física?
- Como ficam as dificuldades do adolescente com deficiência mental para compreender e elaborar as suas transformações corporais?
- Como fica a preocupação com a aparência, a partir de uma deficiência visual, num mundo com referenciais hegemonicamente visuais?

Ou a partir de uma deficiência física, num mundo com referenciais cristalizados de beleza?

- Como fica a imagem corporal (entendida aqui como constituída de fragmentos do real e do imaginário) do deficiente?
- Como fica o exercício de papéis e habilidades anteriores numa inserção que frequentemente infantiliza o jovem (e mesmo o adulto) com deficiência?
- Como fica o jovem com deficiência perante seus pares, todos tão imersos na mentalidade grupal e, muitas vezes, tendendo para a rejeição (ou mesmo expulsão) do diferente?
- Como fica a eleição de ídolos/modelos em geral tão drasticamente distantes da realidade da deficiência?
- Como fica a "elegibilidade" do adolescente com deficiência como adversário? Como bode expiatório das fragilidades do grupo ou de um determinado componente dele?
- Como fica a passagem da moral infantil para a ética adulta, se as experiências estiverem marcadas pelo estigma que acompanha usualmente a deficiência?
- Como fica o exercício do comportamento de superproteção frente ao "frágil" – tão espelhado no mundo adulto?

Poderia prosseguir enfileirando questões e mais questões remetidas às vicissitudes, na adolescência, pelas quais passa o jovem como deficiência. São, como vimos, vicissitudes ligadas aos aspectos psicológicos (propriamente ditos) e às interações sociais. Para algumas teríamos respostas, mas outras nos encaminhariam para mais e mais perguntas – vindo a configurar uma "caixa de Pandora", uma cornucópia ou mesmo uma espiral sem fim.

Tentarei, portanto, aglutinar as reflexões seguintes a partir de duas grandes vertentes, significativas do momento existencial representado pela adolescência: sexualidade e profissionalização.

Sexualidade

Uma primeira colocação a ser feita, embora óbvia, é que a sexualidade não se inicia na adolescência e sim é uma construção paulatina que se efetiva no decorrer da vida de cada pessoa. O que ocorre com intensidade na adolescência é a busca de parceria, para que se possa investir a energia libidinal de forma não egocentrada.

Em meu entender, busca-se parceria por duas "razões" principais: a necessidade de complementaridade de identidade (conforme Erikson propõe) e a busca do exercício da sexualidade, da atividade sexual propriamente dita. Nas duas vertentes teremos questões diretamente remetidas ao adolescente com deficiência.

A busca de parceria pode encontrar entraves de cunho próprio ou sociofamiliar. Pelo primeiro falariam as inseguranças, as experiências de fracasso, as experiências de rejeição (reais ou fantasiosas), a eventual deterioração da autoestima e/ou da autoimagem... Pelo segundo a superproteção familiar e/ou profissional (o medo da rejeição, do sofrimento decorrente de um investimento não correspondido, do abuso por terceiros etc.) ou ainda as dificuldades de pais e profissionais em lidar com sua própria sexualidade.

Já o exercício da sexualidade propriamente dito (pensado como atividade sexual), e não existentes os entraves decorrentes dos fatores acima apontados, este só passaria por maiores dificuldades (não necessariamente incontornáveis) no caso de alguns quadros de deficiência física, como a lesão medular.

O fato é que é nas relações afetivo-sexuais que se encontram os obstáculos ao pleno exercício da sexualidade, quer por questões do próprio deficiente, do parceiro ou do meio, como já enfatizado.

Em relação a este último aspecto, talvez seja interessante relatar, sinteticamente, pesquisa efetuada por Giami e sua equipe (1984) na Universidade Paris VII. Os pesquisadores concluem seu estudo dizendo-nos da visão maniqueísta encontrada em relação à sexualidade de adolescentes com deficiência mental: para os pais, anjos assexuados, eternas crianças; para os profissionais, pessoas hiper-sexuadas, impossibilitadas de controlar seus instintos sexuais. Tenho chamado esse fenômeno de "sexualidade adjetivada".

Claro está que não desejo minimizar reais dificuldades presentes na deficiência mental, como mecanismos de repressão "imaturos" ou comportamentos de autocrítica ainda não totalmente desenvolvidos, como nos lembra Krynski (Krynski & Assumpção, 1983). Aliás, esse mesmo autor aponta também alguns mecanismos sociofamiliares de controle, como a manutenção de não atratividade para evitar "problemas" e a visão assexuada ou de sexualidade exacerbada como estratégia de manipulação.

Para finalizar este raciocínio, e reportando-me explicitamente a fatores ligados às "possibilidades" da pessoa com deficiência, trago novamente a voz de Carolyn Vash (1988), que nos lembra aspectos já discutidos e outros não levantados: necessidade e exercício de autoconfiança; possibilidade de maximização da atratividade física (tendo em vista os rígidos padrões de beleza); utilização de recursos de personalidade (como desenvolvimento de posturas ou habilidades para interação); familiarização com os "rituais de corte" vigentes em seu grupo; desmistificação da perfeição do desempenho sexual; exercício da intimidade como fruto de uma construção conjunta – só para indicar alguns.

Vemos, portanto, que há uma intricada rede de fatores incidindo sobre a busca de parceria e o pleno exercício da sexualidade, por parte das pessoas com deficiência.

Na alteração dessa realidade muitos têm colaborado. Mas há, ainda, muito trabalho a fazer.

Definição/Preparação profissional

Quanto ao aspecto da definição/preparação profissional, há que se frisar, também, a ocorrência de fatores ligados intimamente à deficiência secundária.

Dentre eles, merece especial destaque a postura de resolver por outrem (em nosso caso a pessoa com deficiência) sem levar em consideração seus próprios desejos e aspirações.

Assim é que vemos (com maior frequência do que seria desejável) a alta incidência da correlação linear entre certas ocupações e certas deficiências, como postuladas em "manuais cristalizados", sejam eles de responsabilidade de profissionais, sejam elaborados por órgãos governamentais.

Muitos autores (dentre os quais me incluo) propugnam que a verdadeira orientação vocacional ("também" para jovens com deficiência) deve basear-se na análise realística de, no mínimo, quatro fatores: potencial (intelectual, físico, emocional – atual e virtual); limitações (intelectuais, físicas, emocionais – atuais e virtuais); desejos e aspirações (expressos ou implícitos) e realidade socioeconômica-cultural (definida também pelo mercado de trabalho contextualizado).

Mas o que usualmente se vê é a hegemonia de critérios "estranhos" à pessoa, voltados quer para argumentos de ordem econômica (vantagens para a sociedade, para os organismos de atendimento, como Inamps etc.); de ordem de exigência de mercado; de ordem social (benefícios para o governo); de ordem de necessidades de preenchimento de campo de trabalho (por parte de técnicos); de ordem familiar (aumento de renda) etc., como detectado em cuidadosa pesquisa efetuada por Goyos (1989).

Em contrapartida, poucos são os argumentos voltados para as necessidades da própria pessoa interessada: satisfação pessoal, independência econômica (total ou parcial), sentimento de pertencimento etc.

Um outro aspecto extremamente intrigante levantado por alguns pesquisadores, dentre eles Manzini (1989), refere-se à "marca" que a instituição especializada pode deixar em seus egressos, os quais, muitas vezes, para escapar do estigma que a instituição lhes imputa na leitura social, refazem sua carreira acadêmica omitindo a origem institucional. Essa é, no mínimo, uma constatação provocativa.

De qualquer forma, é importante assinalar que cada vez mais entende-se que a preparação para o trabalho engloba não somente o treino de habilidades, mas, especialmente, numa visão globalizante: o mundo do trabalho com suas relações interpessoais e direitos/deveres, o mercado e as habilidades para diferentes tarefas e funções. A par disso, em consonância com inúmeros outros autores, diz Kierman (1988): "O desenvolvimento de programas profissionalizantes em ambientes reais de trabalho têm mostrado que os empregos protegidos dificultam o desenvolvimento de comportamentos profissionais e sociais adequados".

Do que até aqui exposto, pode-se enfaticamente afirmar que essas são questões a aprofundar. São questões a refletir. São questões a pesquisar. São questões a problematizar.

Mas podemos dizer, ainda, que sexualidade e profissionalização sinalizam aspectos que nos remetem à temática da "integração social lato sensu" das pessoas com deficiência - condição, como já se sabe, para o exercício pleno da cidadania.

Para terminar, diria que qualquer processo que vise à integração desse coletivo, expresso nas individualidades que o compõem, passa necessariamente por dois caminhos (de mão dupla): sua própria integração consigo mesmo e a aceitação e desenvolvimento de seu potencial inclusive afetivo-sexual e ocupacional, propiciados ou facilitados pelo seu contexto familiar, institucional ou social.

Voltando ao início, à penúltima tarefa de nosso herói, poderíamos idealizar a satisfação de um desejo, ou mesmo idealizar uma profecia: que Euristeu/sociedadeamedrontada esconda-se em seu vaso protetor e chore em sua solidão; que Cérbero/guardião-de-mortasrepresentações-preconceituosas seja devolvido ao mundo sombrio, cheio de sofrimentos e desprovido de esperanças; que Hércules/sociedade-esclarecida vá se aproximando de sua sabedoria e de sua libertação.

12. Os Pomos de Ouro das Hespérides
Cidadania e deficiência: Direitos humanos e preconceitos[1]

Os Pomos de Ouro das Hespérides são três maçãs de ouro recebidas por Hera da Mãe Terra, quando se uniu a Zeus e plantadas numa árvore de um jardim, perto do monte Atlas. Estão confiadas à guarda de três ninfas do poente, as Hespérides, e vigiadas por um dragão imortal de cem cabeças. Levar os pomos de ouro para Micenas é o último trabalho de Hércules. Sua viagem é especialmente atribulada e perigosa, sendo que no Cáucaso depara--se com o deus "filantropo": Prometeu acorrentado. Arranca-lhe os grilhões do castigo e, como recompensa, recebe o conselho de não colher pessoalmente as frutas – o que deveria ser feito por Atlas. Chegando finalmente ao jardim, astutamente Hércules oferece-se para aliviar o gigante do peso da abóbada celeste, pedindo-lhe em troca que vá buscar as maçãs. Atlas concorda e colhe os frutos, mas nega-se a entregá-los ao herói conforme o combinado. Hércules finge aceitar e pede apenas que Atlas segure o mundo por alguns momentos, enquanto forra os ombros com almofadas, para suavizar o atrito. O gigante concorda e Hércules parte correndo com os pomos das Hespérides nas mãos. Em Micenas, Euristeu, não sabendo o que fazer com os frutos de ouro, devolve-os ao herói, que os oferece a Atena. A deusa, porém, recusa-se a guardá-los para si e os devolve às Hespérides.

1 Parte do Capítulo 12 refere-se a colocações organizadas para divulgação no Seminário "O Portador de Necessidades Especiais e o Direito à Cidadania", em agosto de 1994, em São José dos Campos (SP).

Assim como Hércules chega ao fim de seu percurso, fechando o ciclo de tão trágica origem, chegamos ao fim de nossa incursão por aspectos psicossociais da deficiência, de gênese tão desafiante.

Porém vejamos um pouco mais esta última tarefa; aquele que é talvez o mais atribulado dos "Trabalhos de Hércules". Não são pouco os entraves que aguardam o herói em sua busca dos "pomos de ouro": engodo, despistamento, ataques abertos ou insidiosos. Também não poucas são suas vitórias sobre os obstáculos, e os obstantes.

Finalmente, Hércules, usando de força, astúcia e sabedoria, consegue atingir sua meta e apossar-se das frutas do conhecimento e da liberdade. Com efeito, as maçãs – malgrado sua multiplicidade de sentidos (sabedoria, conhecimento, liberdade...) – são símbolo de algo que aponta ou para uma busca ou para um aprimoramento. Diria eu que, em última instância, simbolizam movimento, dinamismo, não cristalização...

Quanto ao ciclo propriamente dito, os especialistas nos dizem que, tomados em conjunto, os Doze Trabalhos de Hércules configuram a luta contra a banalização e constituem a escada pela qual o herói sobe até os píncaros do monte Eta, onde irá realizar o 13º de seus trabalhos: "a vitória sobre a morte", tornando-se um deus do Olimpo (Brandão, 1989, pp. 107 e 130),

Finalmente, vale assinalar que os estudiosos nos falam de um Hércules que pode ser visto não só como o mais destemido dos homens, o maior dos heróis, mas também (e talvez principalmente) como o mais humano e solidário de todos eles (Brandão, 1989, pp. 113 e 129). E é esse aspecto de "humanidade", de solidariedade, que escolho como contraponto final à questão da cidadania e dos direitos humanos.

Antecedo-o, porém, de alguns parágrafos a que desejei (ou precisei?) dar um subtítulo:

Uma introdução/Posfácio

Num certo momento (um tanto recente) de minha trajetória, fui convidada a proferir palestra em Seminário promovido por uma Secretaria Municipal de Educação. Cabia-me desenvolver o tema "Cidadania e Deficiência: direitos humanos e preconceitos".

Como de costume, para preparar minha fala tentei trabalhar algumas novas articulações, tanto entre reflexões já feitas como entre estas e algumas ideias ainda não sistematicamente exploradas. Os conceitos em pauta eram, como o próprio título da palestra indica, diferença/deficiência, cidadania, direitos humanos e preconceitos.

Após algumas horas de estudo e de reflexão, preparei o texto que iria servir de base para minhas colocações – texto esse que segue mais à frente.

Todavia, ao chegar ao auditório, percebi que, contrariamente às minhas expectativas, o público era majoritariamente de crianças e adolescentes com deficiência e pais ou outros familiares. Os profissionais apenas "salpicavam" a ampla sala. Rapidamente revi meu texto, selecionei certas "âncoras" e refiz o rumo de minhas colocações, tentando aproximar minha fala dos conhecimentos e experiências daquele público academicamente leigo, mas não experiencialmente "inculto".

Ao que tudo indica, essa forma de abordagem encontrou acolhida e teve ressonância nas pessoas presentes que, atenta e ativamente, seguiram com interesse crescente minhas sistematizações. Aliás, nelas incluí (como, aliás, faço muitas e muitas vezes) algumas situações que vivi na qualidade de protagonista, tendo como grande foco o fato de eu mesma ser uma pessoa com deficiência. Talvez por isso, aliado às características do público, o fato é que ao final, no momento da formulação de questões a mim dirigidas, o microfone esteve principalmente nas mãos das crianças e dos adolescentes.

Dessas questões uma desencadeou meu desejo/necessidade de fazer esta introdução/posfácio ao tema: uma jovem, de uns 14 anos, com paralisia cerebral, após narrar uma ou duas de suas experiências marcantes, termina afirmando veementemente detestar ser alvo do sentimento de pena e de sua expressão.

Resgato do "porão" de minha memória igual ojeriza a palavras como: coitadinha, pobrezinha etc. E essa "irmandade" levou-me a desejar explorar, de alguma forma, a questão subjacente (ou, se quisermos, o sentimento subjacente).

Penso que o grande "nó" está referido à vivência e ao nomear de sentimentos que na linguagem comum se confundem, mas que apontam, de fato, para situações psicológicas significativamente diferentes. Falo de pena/piedade e compaixão.

Lembro-me então de uma passagem de um dos livros de Kundera (confesso que já não sei de qual, talvez *A insustentável leveza do ser*) na qual o autor explora essa questão. Credito a ele a ideia original dessa distinção e sua primeira reverberação em mim, mas "assumo a responsabilidade" pela forma de aqui desenvolvê-la.

Penso que pena/piedade nos remete, queiramos ou não, a uma relação vertical: temos piedade de alguém a quem olhamos "de cima para baixo", de alguém que (em nosso entendimento ou de fato) sofre – mas sofre num "patamar inferior" ao qual estamos solidamente instalados.

Temos pena das crianças de Biafra, das da Candelária, dos flagelados da seca no Nordeste, dos doentes que perambulam pelos corredores dos hospitais públicos, dos portadores de HIV ou dos doentes com aids, dos vendedores de Mentex nas esquinas, dos judeus massacrados no Holocausto, dos negros discriminados na África, dos refugiados da Bósnia...

Mas temos essa pena do alto de nossas mesas de refeição, assistindo aos telejornais, do alto de nossos automóveis, do alto de nossa cadeira de leitura dos jornais matutinos ou das revistas semanais, do alto da poltrona do cinema ou do teatro, do alto de nossa saúde, de nossa boa alimentação, de nossos "tempos de paz".

Já a compaixão nos remete (até etimologicamente) ao "sofrer junto". E sofrer junto nos leva a sair do "alto" e a estar "ao lado", horizontalizando a relação. Nos leva à solidariedade. Nos arranca da poltrona e nos faz descer do Olimpo ao mundo dos mortais. Nos arranca do "patamar superior" e nos faz estar junto na dimensão do sofrimento. Nos arranca da piedosa imobilidade e nos faz arregaçar as mangas, buscar saídas ou superações.

Ou seja, penso que pena/piedade cristaliza a assimetria, a verticalidade, das relações que sobre elas se estabelecem e, contrariamente, compaixão dinamiza os relacionamentos, plantando-os mais solidamente numa horizontalidade humana – o que, em meu entender, é a própria condição de solidariedade.

E estar solidário, entre outras coisas (e aparentemente de forma paradoxal), permite o crescimento daquele que sofre, sua "autonomia" compartilhada, o "viver por si mesmo", mas junto. Permite a superação da solidão absoluta vivenciada quando se está no "patamar inferior".

E assim termino minha introdução/posfácio, compartilhando a partir daqui as ideias originalmente pensadas para a audiência "idealizada", que não se fez presente naquela noite cálida em São José dos Campos, substituída por uma outra que me remeteu, na figura de minha jovem interlocutora, a estas divagações (?).

Deficiência, preconceitos, direitos humanos e cidadania

Talvez nunca se tenha falado tanto em deficiência, mas uma possível indagação subjacente nem sempre é ouvida: o que é, efetivamente, deficiência?

Talvez, igualmente, nunca se tenha falado tanto em cidadania da pessoa com deficiência, mas uma possível indagação subjacente nem sempre é ouvida: o que vem a ser a cidadania da pessoa com deficiência?

Talvez, ainda, nunca se tenha falado tanto em cidadania, mas uma possível indagação subjacente nem sempre é ouvida: o que é cidadania?

Deixando de lado, pois já explorada, a primeira das indagações, volto-me para o conjunto das duas últimas.

Inicio remetendo-me àquela que contém em si "maior" amplitude: o que é cidadania?

É importante frisar que, ao perseguirmos um conceito/definição, precisaremos lembrar que essa díade é sempre historicamente datada. Ou seja, em dado contexto elabora-se um conceito (representando-se de uma dada forma um objeto), o qual é operacionalmente descrito por meio de uma definição que visa a ampla compreensão daquele, bem como sua divulgação e apropriação pelos receptores previstos.

Voltemos então à cidadania. Mais uma vez vejo-me em busca de respostas que escapem dos jargões de cada campo científico/ideológico (direito, política, sociologia...). Mais uma vez peço auxílio a "mestre Aurélio", que nos diz que "cidadania é a qualidade ou estado de cidadão".

E quem é o cidadão? É "o indivíduo no gozo dos direitos civis e políticos de um Estado, ou no desempenho de seus deveres para com este"; "habitante de uma cidade"; "indivíduo, homem, sujeito".

Em contrapartida, a filósofa Marilena Chauí (1989) nos lembra que nossa sociedade conheceu a cidadania por meio do que ela chama de "senhor-cidadão". Ou seja, há por trás do conceito de cidadania as ideias de privilégio de classe e de concessão por parte dos que estão "em cima" aos que estão "embaixo". Isso porque a nossa é uma sociedade na qual

> *as diferenças e assimetrias sociais e pessoais são imediatamente transformadas em desigualdades, e estas, em relação de hierarquia, mando e obediência (situação que vai da família ao Estado, atravessa as instituições públicas e privadas, permeia a cultura e as relações interpessoais). Os indivíduos se distribuem imediatamente em superiores e inferiores. Ainda que alguém superior numa relação possa tornarse inferior em outra, dependendo dos códigos de hierarquização que regem as relações sociais e pessoais. Todas as relações tomam a forma da dependência, da tutela, da concessão, da autoridade e do favor, fazendo da violência simbólica a regra da vida social e cultural. Violência tanto maior porque invisível sob o paternalismo e o clientelismo... (Chauí, 1989, pp. 27-28)*

Mais à frente, a autora afirma que a nossa

> *é uma sociedade na qual as leis sempre foram armas para preservar privilégios e o melhor instrumento para a repressão e a opressão,*

jamais definindo direitos e deveres. No caso das camadas populares, os direitos são sempre apresentados como concessão e outorga feitas pelo Estado, dependendo da vontade pessoal e do arbítrio do governante. (Chauí, 1989, pp. 27-28)

Penso que essas considerações são de extrema importância, pois caem "como uma luva" na questão da deficiência. Senão vejamos: a deficiência é, com frequência, imediatamente transformada em desigualdade? É!

As pessoas com deficiência, em sua desigualdade, estão usualmente sujeitas a uma hierarquia de mando e obediência em relação à família, às instituições públicas e privadas, ao Estado, à cultura? SIM!

Os indivíduos com deficiência são, comummente, categorizados como inferiores, em relação aos não deficientes? SIM!

As relações mistas (usando novamente a expressão de Goffman) entre deficientes e não deficientes tendem, entre outras características, a tomar a forma de dependência? SIM!

O paternalismo e o clientelismo costumam ser a "capa" da violência simbólica no trato com essas pessoas? SIM!

As leis específicas em relação a essa condição podem transformar-se em instrumento de repressão e opressão? SIM!

Os direitos dessas pessoas podem caracterizar-se como concessões advindas das diferentes autoridades (familiares, técnicas e governamentais)? SIM!

Isto posto, voltemos aos aspectos de qualidade e estado, como nos sugeriu "mestre" Aurélio, e vamos "brincar" com as ideias que os mesmos provocam.

Por essa vertente poderíamos explorar um atalho: o de que a pessoa com deficiência teria intrinsecamente a qualidade de cidadão, mas, inversamente, pouco usufruiria do estado de cidadão.

Ou seja, o discurso corrente "lembra" e "sublinha" a necessidade do reconhecimento da qualidade de cidadão do indivíduo com deficiência. A prática demonstra que o estado de cidadão – e, portanto, o exercício pleno da cidadania – não ocorre com frequência. Mas quais os empecilhos ou obstáculos que se interpõem entre a "qualidade" e o "estado" de cidadania?

Penso que especialmente os obstáculos de caráter atitudinal e, dentre estes, aqueles que constroem a já discutida visão preconceituosa e estereotipada das pessoas com deficiência. Essa visão encaminha, por sua vez, para a não inserção da pessoa com deficiência nos diferentes contextos nos quais são exercitados os direitos e deveres do cidadão. Onde é experienciada a realização pessoal e onde é exercida a responsabilidade individual num contexto interindividual: a comunidade.

Claro está que, a partir dessa afirmação, outras ideias "pedem" para ser desenvolvidas. Assim (e correndo o risco de ser repetitiva), lembraria e daria ênfase aos já discutidos fatores de caráter psicossocial que circundam a questão da deficiência – atitudes, preconceitos, estereótipos e estigma – dos quais já nos ocupamos.

Esses são, afinal, os fatores que configuram a complexa rede de significados psicossociais da deficiência, rede esta que, em última instância, configurará as posturas integracionistas ou segregacionistas da pessoa com deficiência na comunidade. Essas posturas, por sua vez, caracterizarão a possibilidade (ou não) de inserção do deficiente no cotidiano, dialeticamente preparando-o para a vida cotidiana da sociedade.

Retomo aqui, com ênfase, a configuração socialmente construída dos estereótipos ("tipos fixos"), que estarão sempre se interpondo nas interações humanas como um biombo entre os diferentes protagonistas da relação – em nosso caso, entre os não deficientes e estes. É usual, portanto, o relacionamento não entre pessoas, mas entre metáforas: entre o normal e o anormal, entre o normal e o desviante, entre o normal e o anômalo...

Como já visto anteriormente, na área da diferença/deficiência três são os estereótipos mais usuais: vítima, herói e vilão. Qualquer um deles (malgrado as sutilezas) situa o diferente num lugar "atípico". Essencialmente num lugar "extra-humano". Ou seja, a partir do preconceito o relacionamento não é com uma dada pessoa, mas com o estereótipo de sua "categoria". Sublinhe-se, portanto, que o fenômeno se dá tão somente no plano relacional. E é, insisto, nas relações que se estabelece o estigma.

Volto, pois, ao preconceito, tentando aprofundar uma das possíveis reflexões que esse fenômeno sugere. Para isso trago algumas colocações de outra filósofa atual: Agnes Heller.

Para instigar um pouco mais nosso pensar, selecionei (dentre muitas de suas postulações de inestimável valor) uma pergunta por ela formulada e sua própria tentativa de resposta:

> *Por que afirmamos que o preconceito, abstratamente considerado, é sempre moralmente negativo? Porque todo preconceito impede a autonomia do homem, ou seja, diminui sua liberdade relativa diante do ato de escolha, ao deformar e, consequentemente, estreitar a margem real de alternativa do indivíduo. (Heller, 1992, p. 59)*

Vemos então que aqui uma outra questão se coloca: estarão a "qualidade" e o "estado" de cidadão limitados ao gozo de direitos e desempenho de deveres na esfera do civil e do político? Certamente não, pois é imprescindível pensar-se também no que temos modernamente chamado de "direitos humanos", que contêm em si os direitos do homem e do cidadão.

A própria Declaração dos Direitos Humanos, de 1948, remete-se a "direitos universais do ser humano"; todavia ela mesma, ao reportar-se a poderes públicos preservadores desses direitos, transforma-os em direitos puramente civis – como nos lembra Chauí (1989, pp. 32-33).

Ora, como até aqui exaustivamente explorado, quando pensamos em pessoas com deficiência (assim como quando pensamos em qualquer um que se afaste dos padrões estabelecidos pela ideologia corrente) precisamos pensar em direitos universais.

Não se trata apenas de beneficiar-se ou respeitar leis – sejam elas do direito trabalhista, criminal ou qualquer outro; de votar e ser votado e assim por diante. Trata-se do direito de ser pessoa: ter autonomia (na medida das reais possibilidades), ter liberdade de escolha (em relação a desejos, a ideais e a convicções) e ter participação ativa na *vida* (com os limites e as potencialidades).

Isso alarga a configuração da cidadania, fazendo com que essa qualidade e estado alcancem todos os planos da condição humana.

Assim, e por outro lado, os "guardiões" dos direitos humanos não estão mais e tão somente nos aparatos públicos e sim em cada um de nós: pessoas, cidadãos, *sujeitos sociais*. E, para que cada um de nós possa ter essa experiência de "guardião" dos direitos humanos, faz-se imprescindível que tenhamos uma disposição psíquica permanente de abertura aos nossos próprios preconceitos. Assim, poderemos parar de repetir e repetir, acriticamente, que "a sociedade é preconceituosa em relação aos diferentes/deficientes" e trocar esse discurso por uma constante indagação: "Como posso trabalhar com meus preconceitos, e eventualmente me libertar deles?".

Trago, quase para finalizar, mais um pensamento de Heller:

> *Se confiamos enquanto indivíduos em nossos ideais e em nossas convicções, isto é, se confiamos nelas sobre a base de um permanente controle da situação, das autoridades e também (e não em último lugar) de nossas próprias motivações, se estamos dispostos a negar confiança a nossas ideias na medida em que o conhecimento e a experiência as contradigam de modo regular, se não perdermos a capacidade de julgar corretamente o singular, então seremos capazes de nos libertar de nossos preconceitos e de reconquistar sempre a nossa relativa liberdade de escolha. Só poderemos nos libertar dos preconceitos se assumirmos o risco de erro . . . (Heller, 1992, p. 63)*

Escolhi esta frase pois penso que ela nos remete a interessante reflexão: pensamos sempre que o "outro" é a vítima do preconceito e nos esquecemos que ao nos atermos a uma visão preconceituosa somos nós que dela também passamos a ser vítimas, ao perdermos a possibilidade de pensar e escolher aquela visão que nos será própria, em dado momento histórico e baseada em nossa experiência.

Assim, talvez, e paradoxalmente, a partir do próprio "egoísmo", de uma tendência egocêntrica, os agentes institucionais – familiares e profissionais – possam(os) rever os preconceitos que, incidindo sobre "o outro" diferente/deficiente, fechando portas de acesso à vida plena em comunidade, fecham para ele as portas da cidadania.

Um sonho? Talvez, mas Mário Quintana nos disse um dia que "a vida não basta apenas ser vivida, precisa também ser sonhada", ao que D. Helder Câmara acrescentaria: "um sonho sonhado sozinho pode ser belo, mas um sonho sonhado em conjunto pode mudar o mundo".

Referências

Sobre mitologia

Brandão, J. de S. (1989). *Mitologia grega* (2a ed., Vol. III). Petrópolis: Vozes.

Campbell, J. (1990). *O poder do mito: Joseph Campbell, com Bill Moyers*. São Paulo: Palas Athena.

Diel, P. (1991). *O simbolismo na mitologia grega*. São Paulo: Attar.

Grimal, P. (1987). *A mitologia grega* (4a ed.). São Paulo: Brasiliense. (Coleção Primeiros Voos).

Grimal, P. (1992). *Dicionário da mitologia grega e romana*. Lisboa: Difel.

Hércules. (1973). In *Enciclopédia: Mitologia* (cap. 16, pp. 257-272). São Paulo: Abril Cultural.

Jung, C. G. (1974). *El hombre y sus símbolos*. Madrid: Aguilar. (Colección Hombre y Cosmos).

Pinsent, J. (1976). *Mitos e lendas da Grécia Antiga*. São Paulo: Melhoramentos/ Edusp.

Rank, O. (1981). *El mito de nacimiento del héroe*. Madrid: Paidós.

Richepin, M. J. (1927). *Nueva mitologia ilustrada* (Vol 2). Barcelona: Montaner y Simon.

Seeman, O. (1958). *Mitologia clássica ilustrada*. Barcelona: Vergara.

Spalding, Tassilo O. (s.d.). *Dicionário da mitologia latina*. São Paulo: Cultrix.

Trabalhos de Hércules (1973). In *Enciclopédia: Mitologia* (cap. 17, pp. 273-288). São Paulo: Abril Cultural.

Vernant, P. (1990). *Mito e tragédia na Grécia Antiga* (Vol II). São Paulo: Brasiliense.

Geral

Allport, G. (1954). *The nature of prejudice*. Cambridge: Addison Wesley.

Amaral, L. A. (1987). *Resgatando o passado: deficiência como figura e vida como fundo* (Dissertação de mestrado, PUC-SP)

Amaral, L. A. (1988). *Do Olimpo ao mundo dos mortais*. São Paulo: Edmetec.

Amaral, L. A. (1989a). Deficiência física e integração social. *Revista Integração*, 2(4), 36-38.

Amaral, L. A. (1989b). Educação e trabalho da pessoa portadora de deficiência. *Revista Integração*, 2(5), 28-30.

Amaral, L. A. (1991a). Integração social e suas barreiras: representações culturais do corpo mutilado. *Revista de Terapia Ocupacional*, 2(4), 188-195.

Amaral, L. A. (1991b). Sobre a questão da integração: a "Política do Avis-Struthio" e o "Leito de Procusto". *Revista Integração*, 4(13), 30-32.

Amaral, L. A. (1992a). *Espelho convexo: o corpo desviante no imaginário coletivo, pela voz da literatura infanto-juvenil.* (Tese de doutorado, IP-USP)

Amaral, L. A. (1992b). Integração: ontem, hoje e amanhã. *Revista Integração*, 5(16), 4-6.

Amaral, L. A. (1992c). Atendimento psicológico a pessoas portadoras de deficiência: psicoterapia breve, uma alternativa. *Boletim de Psicologia*, 42(96/97), 27-36.

Amaral, L. A. (1994a). Mercado de trabalho e deficiência. *Revista Brasileira de Educação Especial*, 1(2), 127-136.

Amaral, L. A. (1994b). *Pensar a diferença/deficiência*. Brasília: Corde.

Andrade, C. T. S. (1975). *Psicologia das relações públicas*. Petrópolis: Vozes.

Apae – Associação de Pais e Amigos dos Excepcionais. (1990). *Você não está sozinho: temos um filho especial*. São Paulo.

Ariès, P. (1985). Les attitudes devant les "handicapées". In M. R. Mandrou, *Histoire sociale: collectives et mentalités*. Paris: PUF.

Ariès, P. (1986). *A história social da criança e da família* (2a ed.). Rio de Janeiro: Guanabara.

Aristóteles. (1966). *Política*. Rio de Janeiro/São Paulo: Hemus.

Asch, S. (1977). *Psicologia social* (4a ed.). São Paulo: Editora Nacional.

Assis, O. Q. & Pussoli, L. (1992). *Pessoa deficiente: direitos e garantias*. São Paulo: Edipro.

Augras, M. (1970). *Opinião pública: teoria e pesquisa*. Petrópolis: Vozes.

Becker, E. (1989). *Relatos e retratos de um convívio: estudo exploratório de psicodinamismos em famílias de baixa renda com um integrante portador de Síndrome de Down* (2 Vols). (Dissertação de mestrado, IP-USP).

Bem, D. J. (1973). *Convicções, atitudes e assuntos humanos*. São Paulo: EPU/ Edusp.

Berg, J. M. & Way, J. (1969). On telling parents of a diagnosis of mongolismo. *British Journal of Psychiatry*, 115(527), 1195-1196.

Berlinguer, G. *A doença*. São Paulo: Hucitec/Cebes, 1988.

Bíblia Sagrada. (1947). Antigo Testamento. Traduzido da Vulgata e anotado pelo Pe. Matos Soares. São Paulo: Pia Sociedade de São Paulo.

Bleger, J. (1977). *Psicologia de la conducta* (7a ed.). Buenos Aires: Paidós.

Bosi, E. (1983). *Memória e sociedade: lembranças de velhos*. São Paulo: T. A. Queiroz.

Bosi, E. (1989). *Cultura de massa e cultura popular: leituras de operárias* (7a ed.). Petrópolis: Vozes.

Canguilhem, G. (1990). *O normal e o patológico* (3a ed.). Rio de Janeiro: Forense Universitária.

Caplan, G. (1980). *Princípios da psiquiatria preventiva*. Rio de Janeiro: Zahar.

Cardoso, M. C. de F. (1992). Propostas de integração na comunidade. *Integração*, 4(8), 13-18.

Casado, D. (1990). En busca de una sistemática para la discapacidad. In Real Patronato, *Discapacidad e información* (pp. 97-124). Madrid: Ministerio de Asuntos Sociales.

Casado, D. (1991). *Panoramica de la discapacidade*. Barcelona: Intress.

Chauí, M. (1989). Direitos humanos e medo. In A. C. R. Fester, *Direitos humanos e....* São Paulo: Brasiliense/Comissão de Justiça e Paz de São Paulo.

Chevigny, H. (1946). *My eyes have a cold nose*. New Haven: Yale University Press.

Corde - Coordenadoria Nacional para Integração da Pessoa Portadora de Deficiência. (1992). Subsídios para elaboração da Política Nacional para integração das pessoas portadoras de deficiência no Sistema Regular de Ensino. *Revista Brasileira de Educação Especial 1*(1), 125-132.

Coulanges, F. de. (1957). *A cidade antiga: estudo sobre o culto, o Direito e as instituições da Grécia e de Roma* (9a ed., 2 vols.). Lisboa: Livraria Clássica Editora.

Dorai, M. (1988). Qu'est ce qu'un stéréotype: contribution à la definition d'un concept. *Enfance*, 41(3-4), 45-54.

Drotar, D. et al. (1975). The adaptation of parents to the birth of an infant with a congenital malformation: a hypothetical model. *Pediatrics*, (5), 710-717.

Duncan, B. (1990). Los medios de comunicación como motor de cambio de la percepción de la discapacidad por parte del publico. In Real Patronato de Prevención y Atención a Personas con Minusvalia, *Discapacidad e información* (pp. 9-24). Madrid: SIIS. (Série Documentos, n. 14).

Erikson, E. H. (1972). *Infância e sociedade* (2a ed) Rio de Janeiro: Zahar.

Fédida, P. (1984). A negação da deficiência. In M. I. D'Avila Neto, M. (Org.), *A negação da deficiência*. Rio de Janeiro: Achiamé/Socius.

Ferreira, A. B. de H. (1946). *Pequeno dicionário brasileiro da língua portuguesa* (6a ed.). Rio de Janeiro: Civilização Brasileira.

Ferreira, A. B. de H. (1975). *Novo dicionário Aurélio*. Rio de Janeiro: Nova Fronteira.

Fiorini, H. J. (1978). *Teoria e técnica de psicoterapias* (2a ed.). Rio de Janeiro: Francisco Alves.

Foucault, M. (1968). *Doença mental e psicologia*. Rio de Janeiro: Tempo Brasileiro.

Foucault, M. (1979). *Microfísica do poder*. Rio Janeiro: Graal.

Freud, S. (s.d.). Inhibición, sintoma y angustia. In S. Freud, *Obras completas* (3a ed; Vol. III, pp. 2833-2883). Madrid: Biblioteca Nueva. (Trabalho original de 1926).

Giami, A. & D'Allones, C. R. (1984). O anjo e a fera: as representações da sexualidade dos deficientes mentais pelos pais e educadores. In M. I. D'Avila Neto (Org.), *A negação da deficiência*. Rio de Janeiro: Achiamé/ Socius.

Gil, M. (1993). Reintegra – Rede de Informações Integradas sobre Deficiência: relato de uma experiência. In T. R. da S. Dias (Org.), *Temas em Educação Especial 2* (pp. 349-362). São Carlos: UFSCar.

Glat, R. (1988). Integração do excepcional: realidade ou mito? *Mensagem da Apae*, 15(49), 11-14.

Goffman, E. (1982). *Estigma: notas sobre a manipulação da identidade deteriorada* (4a ed.). Rio de Janeiro: Zahar.

Goffman, E. (1961). *Manicômios, prisões e conventos*. São Paulo: Perspectiva.

Goyos, A. C. et al. (1989). Justificativas para a formação profissional do deficiente mental: revisão da literatura brasileira especializada. *Cadernos de Pesquisa*, (69), 53-67.

Gramsci, A. (1981). *A concepção dialética da história*. Rio de Janeiro: Civilização Brasileira.

Hastorf, A. A. et al. (1973). *Percepção da pessoa*. São Paulo: Blucher/Edusp.

Heller, A. (1992). *O cotidiano e a História* (4a ed.). São Paulo: Paz e Terra.

Izarra, B. (s.d.). La familia como cliente. *En Marcha*, 8(29).

Krech, D., Crutchfield, R. & Ballachey, E. L. (1969). *O indivíduo na sociedade*. São Paulo: Pioneira/Edusp.

Krynski, S. & Assumpção, F. B. (1983). Problemática sexual do deficiente mental. In *Novos rumos da deficiência mental.* São Paulo: Savier.

Laplantine, F. (1991). *Antropologia da doença.* São Paulo: Martins Fontes.

Lent, C. (s.d.). *Evaluación de la primera entrevista en intervención en crisis* (Mimeo).

Lindemann, E. (1944). Symptomatology and management of acute grief. *American Journal of Psyquiatry,* (101), 141.

Lira, R. & Faoro, R. (1976). Codificação. In *Enciclopédia Mirador Internacional* (pp. 2576-2582). São Paulo: Encyclopaedia Britannica.

Lucrécio (1980). Da natureza. In *Os pensadores* (pp. 21-135) (2. ed.). São Paulo: Abril Cultural.

Manzini, E. (1989). *Profissionalização de indivíduos portadores de deficiência mental: a visão do agente institucional e a visão do egresso* (Dissertação de mestrado, UFScar).

Martins, E. V. D. (1982). *Estereótipos: uma reflexão sobre sua eficiência e os efeitos de sua utilização pela publicidade* (Dissertação de mestrado, ECA-USP).

Mazzotta, M. J. da S. (1989, set.). Contribuição para o estudo da excepcionalidade: alguns aspectos sócio-educacionais. *Revista Integração Z,* (6).

Mises, R. (1977). *A criança deficiente mental.* Rio de Janeiro: Zahar.

Moffatt, A. (1982). *Terapia de crise.* São Paulo: Cortez.

Moscovici, S. (1978). *A representação social da psicanálise.* Rio de Janeiro: Zahar.

Omote, S. (1980). *Reações de mães de deficientes mentais ao reconhecimento da condição dos filhos afetados: um estudo psicológico* (Dissertação de Mestrado, IP-USP).

Omote, S. (1987). *Perspectiva direta e metaperspectiva.* Comunicação no IV Ciclo de Estudos sobre Deficiência Mental - Programa de Mestrado em Educação Especial. São Carlos. (Mimeo).

ONU – Organização das Nações Unidas. (1984). *Programa mundial de acção relativo às pessoas deficientes*. Lisboa: Secretariado Nacional de Reabilitação.

Perron, R. (1976). Atitudes e ideias, face às deficiências mentais. In R. Zazzo et al., *A debilidade em questão (As debilidades mentais)* (pp. 51-89). Lisboa: Socicultur.

Pessotti, I. (1984). *Deficiência mental: da superstição à ciência*. São Paulo: T. A. Queiroz/Edusp.

Piaget, J. (1970). *A situação das ciências do homem no sistema das ciências*. Amadora: Bertrand.

Plaisance, E. (1984). Da deficiência física à deficiência sócio-cultural. In M. I. D'Avila Neto, M. (Org.), *A negação da deficiência*. Rio de Janeiro: Achiamé/ Socius.

Platão. (1949). *A república* (2a ed.). Lisboa: Fundação Calouste Gulbenkian.

Platão. (1985). *A república* (livro VII). Brasília: INL/Editora da Universidade de Brasília.

Poeschel, S. M. & Murphy, A. (1976). Assessment of counseling practices at the birth of a child with Down's Syndrome. *American Journal of Mental Deficiency*, 81(4), 325-333.

Ramos, T. C. L. et al. (1985). Dificuldades em transmitir a notícia: pesquisa junto a pais de pacientes portadores de Síndrome de Down. *Revista Brasileira de Deficiência Mental*, 18(único), 47-69.

Regen, M. et al. (1993). *Mães e filhos especiais: relato de experiências com grupos de mães de crianças com deficiência*. Brasília: Corde.

Rodrigues, José. C. *Tabu do corpo* (3a ed.). Rio de Janeiro: Achiamé, 1983.

Roquette, J. I. & Fonseca, J. da. (1848). *Diccionario da língua portugueza e diccionario de synonymos, seguido de diccionario poetico e de epithetos*. Paris: Aillaud.

Rosemberg, F. (1975). A mulher na literatura infanto-juvenil. *Cadernos de Pesquisa*, 15, 138-140.

SNR – Secretariado Nacional de Reabilitação (Portugal). 1989. *Classificação internacional das deficiências, incapacidades e desvantagens (handicaps): um manual de classificação das consequências das doenças*. Lisboa: SNR/OMS.

Sêneca, L. A. (1942). *Dialogues: De Ira* (Vol. 1). Paris: Les Belles Lettres.

Sêneca, L. A. (1980). Apocoloquintose do divino Cláudio. In *Epicuro, Lucrécio, Cícero, Sêneca, Marco Aurélio* (pp. 249-260). 2a ed. São Paulo: Abril Cultural. (Coleção Os Pensadores).

Silva, S. F. da. (1988). *Experiências e necessidades de mães após o diagnóstico de deficiência mental do filho* (Dissertação de mestrado, UFScar).

Silva, S. F. da. (1990). O trabalho junto à família do deficiente mental. In T. de O. Dias (Org.), *Temas em Educação Especial 1* (pp. 49-54). São Carlos: UFScar.

Sodré, M. (1971). *A comunicação do grotesco.* Petrópolis: Vozes.

Triandis, H. C. & Vassiliou, V. (1967). Frequency of contact and stereotyping. *Journal of Personality & Social Psychology*, 7(3 Pt. 1), 316-328.

Unicef – United Nations International Children's Emergency Fund. (1980). *Childhood disability: its prevention and rehabilitation.* Report of Rehabilitation International to the Executive Board of Unicef/L.1410. New York: Unicef. (Mimeo).

Vash, C. (1988). E*nfrentando a deficiência.* São Paulo: Pioneira/Edusp.

Velho, G. (Org.). (1989). *Desvio e divergência: uma crítica da patologia social* (6a ed.). Rio de Janeiro: Zahar.

Viana, M. L. et al. (1994). "O que fiz por merecer?" Aspectos psicológicos da relação mãe-filho malformado. *Psico*, 25(1), 91-99.

Vovelle, M. (1987). *Ideologias e mentalidades.* São Paulo: Brasiliense.

Werebe, M. J. G. (1984). Corpo e sexo: imagem corporal e identidade sexual. In M. I. D'Avila Neto, M. (Org.), *A negação da deficiência.* Rio de Janeiro: Achiamé/Socius.

WHO – World Health Organization (1980). *International classification of impairments, disabilities and handicaps: a manual of classification relating to the consequences of disease.* Geneva: WHO.

Young, K. (1956). *Social psychology.* New York: Appleton.

Zazzo, R. (1976). *A debilidade em questão (As debilidades mentais).* Lisboa: Socicultur.